Plan de Gobierno

Una guía para crear un país de oportunidades

1ra Edición

Enlaces de contacto con el MBA Whimpper Narváez Salas

Facebook

https://www.facebook.com/wnarvaezs/

Instagram:

https://www.instagram.com/wnarvaezs/?igshid=4xaoxevp7ohb

Linkedin:

www.linkedin.com/in/wnarvaezs

Sitio Web:

https://whimppernarvaez.com/

Email:

wnarvaez@whimppernarvaez.com

SOBRE EL AUTOR

MBA. Whimpper Narváez Salas, CPA

CEO de

WENS CONSULTING & AUDITING, WHIMPPER NARVAEZ S.A.

EX Senior Manager de una de las Big Four

SOBRE EL AUTOR

Whimpper Eduardo Narváez Salas es un empresario ecuatoriano que nació el 31 de octubre de 1963. Es Contador Público Autorizado (CPA) y Master en Administración de Negocios (MBA). Asimismo, es miembro del Instituto de Desarrollo Directivo (IDE) y tiene un Programa de Desarrollo Directivo en dicha escuela de negocios, la cual forma parte de la Universidad de Los Hemisferios.

Durante 24 años trabajó en una de las firmas auditoras más grandes y prestigiosas del mundo —una de las Big Four—, donde concluyó su carrera como Senior Manager. A lo largo de su trayectoria ha tenido la oportunidad de brindar asesoría profesional y de negocios a clientes nacionales e internacionales, especialmente en Colombia y Panamá. Actualmente, es el CEO y propietario de la firma de auditoría y consultoría **WENS CONSULTING GROUP**, cuyo nombre proviene de sus iniciales.

Whimpper Eduardo Narváez Salas ha sido instructor, conferencista nacional e internacional, y catedrático de las principales universidades del Ecuador. En estos momentos se desenvuelve como catedrático de la Universidad de Especialidades Espíritu Santo (UEES).

Además, es autor de los siguientes libros publicados en Amazon:

i. *LIBRE: 30 pasos para recuperar tu vida después de una relación tóxica;BESTSELLER en Amazon.*

ii. *Análisis Macroeconómico: Una vista global del Ecuador.*

DEDICATORIA

Este libro es para todas aquellas personas en el mundo que desean participar y contribuir significativamente, con sus ideas creativas y revolucionarias, en construir un mejor destino para su país.

Este libro está dedicado principalmente al gobernante de Estado o candidato público que desea romper paradigmas, ejecutar pensamientos revolucionarios y crear una visión de futuro, que representen cambios rotundos en los rumbos de su país, buscando el bienestar y prosperidad para sus ciudadanos, mediante el diseño e implementación de un Plan de Gobierno.

Además, lo dedico a la población mundial, con el objetivo de incentivar la planeación estratégica e inculcar aquellos hábitos, para no vivir en piloto automático. Así es cómo se evitan o minimizan los riesgos de desaprovechar oportunidades.

PREFACIO

Mi intención al escribir este libro es dar un aporte que contribuya al bienestar de mi país. Como ciudadano de Ecuador y como hijo de Latinoamérica, mi sueño es que todos los habitantes de la región tengan una buena calidad de vida y cuenten con las oportunidades para su crecimiento personal. Es tarea de cada uno de nosotros ser conscientes de la importancia de la adecuada planificación y de la visión futurista, así como tomar medidas drásticas y romper paradigmas para impulsar nuestras naciones.

El poder directo para lograr cambios, a través del establecimiento de metas, recae en los gobernantes, los cuales son elegidos por el pueblo. Estos líderes tienen que estar realmente comprometidos y abiertos a escuchar a su gente; sus propuestas y sus perspectivas. Comparto este libro, que contiene un modelo de Plan Estratégico de Gobierno, con el objetivo de que sea considerado principalmente por los que ocupan cargos públicos y lo usen como referencia para mejorar el rumbo del país.

Por otro lado, pretendo que mi libro sea una alerta o llamado de atención para todas las personas en el mundo, especialmente para gobernantes y ciudadanos de nuestros países de América Latina. El mundo ha cambiado por completo y, por lo tanto, es imperativo u obligatorio la transformación. No podemos seguir inmovilizados en indefensión aprendida, porque tarde o temprano sufriremos los efectos de la inacción e inoperancia. El mundo ha cambiado y sigue cambiando vertiginosamente; y nuestros pueblos de América Latina no se han dado cuenta, o se han quedado en su zona de confort, lo cual es preocupante y puede tener efectos fatales en el futuro. Necesitamos despertar y trabajar para recuperar el tiempo perdido para evitar o minimizar riesgos y aprovechar oportunidades en el futuro.

Se requerirá de nuestros líderes políticos un cambio de mentalidad, olvidar ideologías de derecha o izquierda y compromisos políticos, romper los esquemas, reinventarse, deshacer para volver hacer. Todo esto implicará poseer gran fuerza de voluntad, entereza y decisión por parte del gobernante de turno; y sus logros se traducirán en éxito, desarrollo y bienestar para los ciudadanos, quienes reconocerán y premiarán el esfuerzo del que tuvo la valentía para concretarlo, incluso otorgándole el prestigiado título de héroe nacional. Además, estas acciones serán para el héroe nacional una recompensa moral y espiritual que estará en concordancia con su sentido y propósito de vida.

En las siguientes páginas realizo una explicación teórica-práctica de las acciones, herramientas y hábitos que deben implementarse para encaminar un país hacia el desarrollo y la solidez económica, las cuales incluyen el uso de análisis comparativos (benchmarking), indicadores claves de rendimiento (KPI'S), sistemas de información de gerencial y la creación de comités de control y supervisión del cumplimiento de los planes. Cabe destacar que será un arduo trabajo, en el que se necesitará la cooperación del sector público, del sector privado y de la ciudadanía en todos los ámbitos. Sin embargo, de cumplirse lo que se plantea aquí, el esfuerzo y sacrificio habrá valido la pena.

A veces solo hace falta un empujón y esparcir de persona en persona una visión revolucionaria capaz de construir una nueva realidad; una donde las riquezas del país aumenten junto con el poder adquisitivo de sus habitantes, al igual que sea una que posea un sistema educativo y de salud ejemplar, bajos índices delictivos, y una sensación de felicidad amplia. Es el derecho y el deber de cada ciudadano contribuir con el cambio, por sus familias y por las futuras generaciones.

Asimismo, pretendo que mi libro sirva de fuente de inspiración para profesionales, empresarios, inversionistas de todo el mundo, para que puedan considerar en todo momento la cultura del pensamiento estratégico en su desarrollo y éxito personal y laboral, así como el hábito de la fijación y cumplimiento de metas, y la innovación en conocimiento y tecnología.

Te doy las gracias estimado lector, por decidir iniciar conmigo esta travesía. Estoy seguro de que coincides conmigo en que principalmente los países de América Latina requieren cambios profundos, y que se necesita de un plan y de una visión futurista, con objetivos estratégicos que contemplen realizar un **benchmarking** —análisis comparativo— para aprender las mejores prácticas de otros países del mundo, como China e India. De esta manera es cómo se podrán establecer exitosamente los lineamientos y directrices para dirigir los destinos de una nación y, en este contexto, tener la capacidad de diseñar e implementar un Plan Estratégico de Gobierno que obedezca las expectativas de los mandatarios y que sea el comienzo del camino del progreso, desarrollo y bienestar para los pueblos de América Latina.

Toda nación puede ser grande, ¿listo para descubrir cómo?

ÍNDICE

CAPÍTULO VI

CAPÍTULO VII

Antes de continuar con la lectura, te invito a escanear el código QR o dar clic en el siguiente enlace, en el cual podrás observar un video que te dará una breve introducción sobre el contenido de mi libro.

https://www.youtube.com/watch?v=FVbnHPdcAo0

CAPÍTULO I

PLAN ESTRATÉGICO DE GOBIERNO

VISIÓN DE FUTURO

El mundo está al revés. Ahora vemos que los ***países emergentes***, como China y la India, que en el pasado eran fuente de mano de obra barata, se han convertido en países del primer mundo. Se consideran «**emergentes**» debido a sus economías en vía de desarrollo, las cuales crecen a su propio ritmo de producción industrial y exportaciones. Estos países incluso cuentan con la fortaleza para competir con países ricos y, además, son líderes en innovación científica y tecnológica. Cabe destacar que, una de las señales más frecuentes para identificar ***países emergentes***, es el visible cambio social, donde las poblaciones rurales, o dependientes de la agricultura, migran significativamente hacia las ciudades; hecho que ocurre en la India y China.

Tenemos que aprender de estos dos países asiáticos emergentes, que han revolucionado sus economías con efectivas estrategias de planificación a largo plazo y visión futurista, si queremos construir una mejor realidad en América Latina. Son sólidos ejemplos para que nuestros gobiernos se guíen y ensamblen nuevos pilares en el mundo de los negocios; y así dejemos de ser vistos como «**países del tercer mundo**». Los gobernantes, con ayuda de los empresarios, deben <u>**modificar la actitud cortoplacista, por una conformada por planes a largo plazo**</u>, dejando atrás ideologías políticas de derecha o izquierda, y solo enfocándose en lograr el progreso de la economía regional. De no hacerlo, se corre el gran riesgo de colapsar ante una depresión económica; como se ha visto en Venezuela, Cuba y Argentina, repercutiendo en una extrema polaridad en sus habitantes, con una amplia brecha entre la clase social rica y la pobre.

> Si quieres mejorar no tienes que inventar la rueda; simplemente copia la forma de pensar y de actuar de los países exitosos.

Esta frase involucra la necesidad de percibir el futuro con un cambio cultural y la adopción de una planeación estratégica similar a la de China y la India; una que involucre la definición de planes a largo plazo, y cuyo proceso tome en cuenta el análisis de las acciones de los países vecinos y de los países desarrollados y emergentes alrededor del mundo. Esto se llama «**hacer un benchmarking**» y permite identificar las mejores prácticas que implementan las empresas de otros países. En este contexto, vale la pena citar lo expresado por T. Harv Eker:

*«**Si quieres mejorar tu educación financiera y tener éxito económico no tienes que inventar la rueda; simplemente copia la forma de pensar y actuar de los ricos**».*

Es imperativo, para la supervivencia y el crecimiento de las empresas y de los gobiernos, imitar la educación y el sistema de creencias que existen en países exitosos como China, la India, y la mayoría de los países que integran Asia y Europa; los cuales se rigen bajo «**cero improvisación**», es decir, no dejan que ningún detalle sea al azar. Aquí radica la importancia del pensamiento estratégico para ellos, de donde surge el desarrollo de la planeación estratégica, agrupando los objetivos y metas a largo plazo, así como la creación de mecanismos para el control y cumplimiento de los mismos.

> El destino es algo circunstancial fuera de nuestro alcance. Somos el arquitecto de nuestro porvenir.

Otra reflexión que refuerza lo expuesto es lo dicho por Miguel Ángel Cornejo:

*«**Nosotros somos el arquitecto de nuestro porvenir. El destino es algo circunstancial que está fuera de nuestro alcance, que no lo podemos decidir, ni controlar**»*. Sin embargo, podemos definir y convertirnos en los arquitectos, pintores y escultores de nuestro futuro mediante la creación y visualización de lo que queremos.

Es un hecho que China rompe todos los esquemas y paradigmas del mundo. Se prevé que, en un lapso aproximado de quince años, China ocupará el primer lugar del **Ranking del PIB Mundial**, ya que su PIB aumentará del 17% al 28%. De esta manera, le quitará la hegemonía a Estados Unidos, el cual tiene un PIB del 23%, pero se espera que descienda al 18% al final del período mencionado.

Por otro lado, se pronóstica que la India tendrá un vertiginoso incremento en su PIB, a raíz de un progreso de cuatro puntos porcentuales, para alcanzar un PIB del 11%, muy cerca al europeo que se estima caerá del 17% al 12%.

A continuación, una tabla donde se observa un análisis comparativo de lo indicado:

Ranking	País	PIB actual	PIB en 15 años
1	EEUU	23%	18%
2	China	17%	28%
3	Europa	17%	12%
4	India	7%	11%
5	Japón	7%	4%

Es claro que el trabajo estratégico, disciplinado, e incluso silencioso, ha conllevado al crecimiento de las economías de la India y China; al punto de hacer que estos países sobresalgan a nivel internacional y sean capaces de:

- Incrementar los ingresos del país.

- Mejorar la calidad de vida de sus habitantes.

- Pasar de ser un proveedor de mano de obra a empleador, así como a principal inversionista en la bolsa de valores y en los mercados del mundo.

- Tener credibilidad en sus planes de gobierno.

- Contar con el apoyo decidido de sus ciudadanos o líderes políticos.

- Ser un modelo a seguir a nivel internacional.

FACTORES CLAVES DE ÉXITO

Dos factores claves del éxito de la economía de China y la India han sido los objetivos claros documentados en un plan de gobierno y una visión de Estado compartida por los gobiernos de turno en los últimos cincuenta años. No se ha tratado de una política, un partido, o una ideología excluyente, sino del deseo inconmensurable de sus gobernantes por garantizar una vida de calidad para los ciudadanos.

En el pasado, como es bien conocido, los habitantes de estos países eran utilizados como obreros de sueldos miserables. Trabajaban en factorías y, en muchos casos, eran explotados por grandes multinacionales. Sin embargo, llegaron al límite y sus gobernantes buscaron la manera de facilitar el emprendimiento y las inversiones locales y en el extranjero, siendo hoy en día ellos los empleadores. Sus empresarios aprendieron la importancia del pensamiento estratégico y lo han aprovechado para no desperdiciar las oportunidades de alcanzar el éxito y mejorar la realidad social.

EL PENSAMIENTO ESTRATÉGICO

Cada uno de los líderes en el poder revisa ántes de actuar la estrategia establecida de acuerdo a los intereses de la nación y de los planes a largo plazo. **Ser impulsivo dirige al**

caos, y esto es algo que tienen muy arraigado. Ser un buen líder no solo es administrar, sino también ordenar según una serie de pasos que cumplirán una meta beneficiosa para todos.

La fórmula del pensamiento estratégico es un hábito que debe trasmitirse a las Organizaciones Privadas y Públicas, para que vean más allá del ahora y prevean situaciones a futuro. Esto requiere inculcar una cultura enfocada en *«pensar antes de actuar»*. En este sentido, cuatro aspectos fundamentales a considerar son:

1. **La teoría** – Involucra la recopilación de toda la información necesaria para tener la capacidad de evaluar todos los elementos dentro del contexto y tomar la mejor decisión.

2. **La planeación** – Se trata de definir los pasos y los recursos disponibles para llevar a cabo la ejecución de la acción.

3. **La reflexión** – Es la tarea de cuestionar la información. En esta etapa sucede la evaluación previa de todos los elementos disponibles, detectando las ventajas y desventajas de cada uno, para decidir si se efectuará o no una determinada acción.

4. **La acción** – Luego de ejecutar con cuidado los tres pasos previos, tendremos la certeza de contar con todos los elementos necesarios para actuar. Solo con dicha seguridad se tiene la capacidad para proceder a la acción.

Se requiere un enfoque de dirección, en lugar de administración con líderes comprometidos

Con un enfoque de dirección, que incluya los cuatro aspectos fundamentales mencionados, un empresario o un gobernante puede construir un brillante futuro, ya sea para una compañía, o un país.

La diferencia entre un director y un administrador, es que el primero se concentra en identificar y «*trazar el rumbo del barco hacia un puerto seguro*». Esto implica establecer un modelo de negocios, y formular la visión, misión y metas para basarse en los mismos a la hora de actuar; así como idear las estrategias de recursos humanos, producción, venta, *marketing*, finanzas para la generación de ingresos, valor, rentabilidad, planes de continuidad o recuperación de operaciones, entre otros.

Un país debe verse como una empresa que agrupa a otras más pequeñas. Para que un modelo de plan de gobierno sea exitoso, se requiere estimular las actividades de sus componentes, sin intervencionismo, y motivando el crecimiento para la generación de empleos que beneficien a los ciudadanos. De esta forma, la dirección de una empresa o país tiene que ser en función del alcance de sus objetivos, a través de lo siguiente:

1. Estrategia.

2. Ejecución.

3. Liderazgo.

Un administrador no opera guiándose por la estrategia, sino por los últimos dos aspectos indicados: ejecución y liderazgo. En otras palabras, no actúan pensando en el rumbo fijado para la empresa o el país. Un administrador es básicamente un ejecutor de lo ordenado por el director; no es un creador de iniciativas. Y, para tener una empresa o país próspero, es vital que emerjan líderes con mentes de directores, quienes establezcan metas a largo plazo que contribuyan con la proliferación de oportunidades, producción de riqueza, y propagación de felicidad.

LA TECNOLOGÍA Y LA AUTOMATIZACIÓN

La tecnología avanza de manera acelerada, yendo cada vez más allá y sorprendiendo a la humanidad. La automatización del trabajo, la inteligencia artificial, las nuevas herramientas que simplifican las tareas; todo aporta al cambio de nuestras vidas y porvenir. En consecuencia, un **buen director** debe tenerlo en cuenta, ya que en un futuro muy cercano puede repercutir de forma catastrófica en los niveles de desempleo, a raíz del desplazamiento del trabajo humano para cederle el puesto a los robots. De hecho, el Banco Mundial señala que para un país no será económicamente viable utilizar mano de obra barata para los centros manufactureros, sino robots de última generación y equipos sofisticados que harán evolucionar la elaboración de productos.

Aunque la historia de la economía demuestra que la única fuente de prosperidad a largo plazo sea la innovación tecnológica, es un tema que debe manejarse con precaución. No es un secreto que la mayoría de los países latinoamericanos se han ido quedando atrás y que en países más avanzados el trabajo manual está siendo reemplazado por robots controlados por computadoras, y el transporte de productos es realizado por montacargas y camiones automatizados. Es una realidad fascinante, sí. Pero, ¿a qué costo?

Los robots son más económicos y más eficientes; y muy pronto muchos países se darán cuenta de que sus trabajadores ya no son competencia para ellos. El problema es que se desencadenará una dificultad para exportar productos manufacturados y el estallido de conflictos sociales por el desempleo. Ante este panorama, es preocupante cómo los líderes no se han percatado del peligro que representan los robots para las fuerzas de trabajo. No han surgido políticas públicas impulsadas por presidentes o ministros para enfrentar el desempleo tecnológico que se aproxima.

> Los países de América Latina y del sur de Asia son los que más corren riesgos a causa de la automatización.

A pesar de lo que muchos creen, los países que más peligran por la automatización de los trabajos son los que están en vía de desarrollo, especialmente en Latinoamérica y al Sur de Asia. Esto se debe a que cuentan con mayor porcentaje de trabajadores manufactureros, quienes hacen labores manuales y, por lo tanto, son susceptibles a ser reemplazados por la tecnología. En la actualidad, incluso los trabajadores con los salarios más bajos son vulnerables al riesgo de la automatización. Los robots fabrican más productos y de mejor calidad, con índices casi nulos de defectos. Este fenómeno incluso está penetrando en industrias que hasta hace poco parecían inmunes.

A medida que sigan aumentando los salarios en China y en otros países afines, y de la misma forma que disminuyan los precios de los robots industriales, será más rentable para las empresas multinacionales de Estados Unidos y Europa cambiar sus trabajadores nativos por fábricas robotizadas. Otra ventaja de los robots es que pueden operar días enteros y suprimirían el gasto que representa un tercer turno de jornada. .

Las impresoras 3D afectarán a los países manufactureros

Las impresoras tridimensionales son capaces de crear o replicar todo tipo de objetos, justo como hace una fotocopiadora tradicional. Esta tecnología revolucionaria cambia drásticamente el mercado para los países manufactureros, principalmente en lo relacionado a aquellos articulos que son fabricados en serie o al por mayor. Con las impresoras 3D, cualquier usuario en cualquier parte del mundo puede obtener casi todo lo que desee en su propio hogar o en una tienda cercana; ropa, utensilios, piezas para armar lo que necesite o imagine; no hay límites.

En estas circunstancias, la planeación estratégica no es lo más importante, sino LO ÚNICO que se requiere para el progreso de un país.

Con lo expuesto, así como por las innumerables amenazas que enfrentan las naciones a diario y no serán desglosadas en este libro, es vital que se diseñe, formule y aplique un plan estratégico que resguarde el bienestar y garantice que perdure el país y las empresas que influyen en la generación de su riqueza. Hay que evitar que las empresas desaparezcan, o se desaprovechen oportunidades de negocio. Los gobernantes deben dejar de ser totalmente políticos y analizar las situaciones desde una perspectiva financiera.

Tanto en el sector privado como público tienen que existir líderes que sean directores, con la habilidad de estudiar de manera amplia lo que ocurre a nivel mundial, sobre todo en lo referente a la tecnología y la automatización.

> *«Si no sabes a dónde vas, cualquier camino conduce allí».*

Este pensamiento de Caroll Lewis significa que, si no se fija un rumbo o una meta específica, el trayecto a recorrer será incierto y cualquier decisión que tomes te llevará hacia la incertidumbre.

Adoptar el hábito de siempre tener en mente el «**hacia dónde quiero llegar**» antes de efectuar cualquier acción, resulta en buscar la eficacia y eficiencia. Ya con esto, podrás salir victorioso de casi cualquier problema o batalla, incluso sin haberla iniciado todavía.

> El plan estratégico es la herramienta para fijar el rumbo hacia la consecución de las metas

El plan estratégico en la práctica es una herramienta que sirve para que todas las personas que tienen la responsabilidad de mando o control de una dirección tomen decisiones. Un plan estratégico bien estructurado será el horizonte, la guía, la brújula y el mapa para alcanzar las metas establecidas por la Dirección.

Para que haya un compromiso real por parte de los involucrados, el plan estratégico debe documentarse; facilitando, además, el recordatorio de la visión y misión, y el monitoreo del logro de los objetivos. Es importante que un plan estratégico se describa en papel para volverlo tangible y que se socialice para su perfección; de lo contrario, jamás dejará de ser un simple pensamiento o formulación. Asimismo, esto permite que sea evaluado a fondo, considerando aspectos como: qué se quiere concretar, los recursos renovables y no renovables disponibles, el recurso humano capacitado, las deficiencias, los pasos para conseguir lo que se desea, entre otros.

<u>Esta forma de operar y planificar es más común en las organizaciones, sin embargo, un país debe manejarse similar, porque su esencia es la misma</u>, solo que a mayor escala. Una estrategia proviene de un buen pensamiento analítico que siembra las bases para elaborar un plan acorde a las necesidades de una Nación.

PLANIFICACIÓN REALISTA

El plan estratégico de un país no puede ser completamente igual a otro, ya que cada uno cuenta con sus propios recursos, realidades económicas y cultura social. En este contexto, el plan estratégico de Ecuador, Panamá, o Colombia, no se parecerá al de una potencial mundial como Estados Unidos. Por estos motivos, es necesario reconocer las ventajas y debilidades de nuestros países para idear un plan estratégico coherente e infalible.

Los ejes estratégicos fundamentales de un gobierno deben ser: la educación, la salud, la seguridad pública, la vivienda, y el trabajo. En torno a estos ejes se tiene que buscar el desarrollo económico y social mediante el planteamiento de objetivos realizables y medibles, que poco a poco se nutren para transformarse en un plan estratégico de Estado. Sin un plan, los objetivos no pueden lograrse.

Establecer metas claras

Como lo dice Brian Tracy, en su libro **Metas**:

> *«Vivir sin metas claras es como conducir en medio de una espesa niebla. No importa lo potente o bien construido que sea el coche, conduciremos con lentitud y vacilación».*

Si el gobernante de turno no tiene definidas sus metas con claridad, dirigirá vacilante, con un avance lento o, en su defecto, sin rumbo los destinos de su país. Estancarse en este mundo globalizado es fatal para la nación y el bienestar de la ciudadanía. Uno de los graves problemas en América Latina es que se trabaja sin una ruta fija, es decir, a ciegas. Es inconcebible que no aprendamos de países como Singapur, Finlandia, Suiza, Suecia y Luxemburgo que, con una extensión geográfica similar a Ecuador, han tenido un crecimiento brutal en sus economías, ya que no improvisan, sino que aplican un plan estratégico.

Obviamente, las metas para un país deben resumirse en alcanzar el bien común. Por ejemplo, en el caso de Ecuador, nos favorece la dolarización, el fortalecimiento de los cuerpos de seguridad, un mejor sistema de salud, y muchos otros temas que se traducen en bienestar para los habitantes. Los ejes estratégicos fundamentales mencionados son gastos del Estado, los cuales se cubren principalmente por las siguientes fuentes:

- Producto Interno Bruto.

- Exportaciones.

- Remesas de Migrantes.

- Deuda Pública Interna y Externa.

- Inversión Extranjera.

Uno de los factores fundamentales será que la inversión extranjera venga al país

Entre los objetivos que conformen el plan estratégico de un gobierno debe considerarse, atraer la inversión extranjera con propuestas serias, premisas claras y viables; beneficios para las partes involucradas, especialmente a los ciudadanos del país. Se requiere de un líder político que tenga la inteligencia y las agallas para romper paradigmas y revolucione a su nación con dirección característica y firmeza. Una figura así se mantendrá en el poder por mucho tiempo y será recordado como héroe.

El dinero o remesas provenientes del extranjero en nuestras tierras incrementa los ingresos del país, genera trabajo y mejora las recaudaciones de impuestos e índices macroeconómicos. Todo en pro de dinamizar la economía nacional y producir recursos que financien los ejes estratégicos fundamentales de interés para el gobierno, que garanticen la calidad de vida de los ciudadanos.

Dios y El Universo nos quieren… ¡Y mucho!

Es verdad, se puede subsistir sin un plan de gobierno con directrices sólidas. América Latina es ejemplo de ello, incluso con la pandemia del Covid-19, y sumándosele a Ecuador el terremoto que sufrió una de sus ciudades principales, se ha mantenido a flote. Sin embargo, en algún momento la falta de previsión pasará factura.

La pandemia, que ha afectado al mundo en todos los niveles, debió hacernos reflexionar e inspirarnos con la frase: «**Detrás de una crisis hay una oportunidad**». No obstante, la realidad es otra. Los retos generados por la pandemia no nos han despertado del todo. Quizás al principio nos sacudieron los efectos devastadores de la crisis sanitaria y las repercusiones económicas, pero fue un estado de preocupación fugaz, porque no sirvió para adelantarnos a las consecuencias futuras y armar un plan estratégico a largo plazo coherente con las circunstancias actuales y previendo posibles escenarios que tengamos que encarar próximamente.

¿Qué más necesitamos para reaccionar, modificar nuestra mentalidad y tomar conciencia de la importancia de no limitarnos a pensar en el ahora?

Reflexionemos con esta cita célebre de Viktor Frankl, de su libro **En busca de sentido**:

> **«El dolor es inevitable, el sufrimiento es opcional»**

Esta frase es ideal para lo que sucederá si no actuamos a tiempo: tocaremos fondo. Los cambios nunca son sencillos, mucho menos si tienen que ser tan profundos como la transformación de nuestras actitudes y comportamientos. Los hábitos no se olvidan de un día para otro y habrá oposición durante la dolorosa revolución, pero será necesario si queremos evitar un sufrimiento en la población que la dirija a la indigencia y miseria extrema.

Este libro se basa en un llamado a la proactividad, que encamine al país al éxito. Hay que tener una perspectiva crítica de los eventos que ocurren en el ámbito nacional e internacional para reaccionar y minimizar los efectos negativos que puedan producir en la ciudadanía, así como aprovecharlos para traducirlos en abundancia y prosperidad.

ROMPER PARADIGMAS

No nos quedemos en acatar órdenes y cumplir obligaciones. Hay que dar un paso más allá, actuar como otros no están dispuestos a actuar, y decir lo que otros no desean escuchar. Existen paradigmas que han estado presentes por demasiadas generaciones y que nos detienen a crecer, fijar objetivos claros y enfocarnos en construir un futuro idóneo a partir del potencial que esconde nuestro país.

Imaginemos al pensamiento estratégico como ver una película hasta el final, solo que la película no existe todavía. Entonces, queda de nuestra parte crear dicha película a partir de lo que planteamos en nuestra mente y buscar la manera de llegar a ese **Gran Final**. No obstante, para que se pueda desarrollar con éxito, los gobernantes deben romper los paradigmas arrastrados de sus predecesores, si en serio desean una mejor nación, con una correcta administración de recursos y oportunidades de crecimiento para todos. De lo contrario, sin importar lo bien que esté estructurado el plan en papel, jamás se volverá tangible.

Algunos paradigmas pueden modificarse de la siguiente manera, sobre todo en los gobiernos de turno, y en Ecuador:

- Aumentar la Deuda Pública Externa e Interna de un 52% al 70%, pero únicamente para financiar el incremento de las exportaciones de productos agrícolas no tradicionales.

- Eliminar paulatinamente los subsidios de toda clase.

- Reestructurar las Entidades Públicas con la disminución de ministerios de acuerdo al tamaño y modelo gubernamental del país.

- Disminuir el número de empleados públicos.

- Automatizar todas las dependencias públicas y de la información.

Lo más probable es que lo que planteo desencadene controversias y pérdida de popularidad hacia el gobernante, sin embargo, el recibimiento puede ser otro si se le explica en detalle a la población que el objetivo es mejorar el bienestar global y la calidad de vida a través del nuevo Plan Estratégico de Gobierno. Este choque, que se origina por el dolor producido por la oposición al cambio, hace que se requiera un gobernante con carácter fuerte y habilidades de liderazgo infalibles, quien pueda armar un discurso que perdure y llegue como debe ser a la ciudadanía. Tiene que convencer —y dar el ejemplo— a los habitantes que salir de la zona de confort es un paso para romper paradigmas y lograr el cambio para mejor.

Un nuevo Plan Estratégico de Gobierno tiene que **«venderse»**, de tal manera que capte la atención de la ciudadanía y acepten el quiebre de esquemas arraigados en el subconsciente. Una vez definido y revisado exhaustivamente, tiene que ser promocionado con inteligencia.

Esto ha ocurrido en Ecuador; queremos vivir bien y estamos acostumbrados a hacerlo, por lo que los habitantes entendieron que la dolarización es un medio para que siga siendo así. Antes de la dolarización, hubo un feriado bancario, una serie de impactos económicos que fueron devastadores para los ecuatorianos y dispararon los índices de pobreza. Después, a partir del año 2000, empezó la dolarización y el panorama mejoró al punto de que hoy la mayoría viven contentos. No obstante, aunque sea bueno, se convierte en una **zona de confort** y luego de un tiempo puede resultar en escenarios negativos, como ha sucedido en algunos países vecinos de América Latina.

ZONA DE CONFORT

Fijar metas y trabajar para cumplirlas muchas veces implica adentrarnos en zonas desconocidas. Y, veamos lo que dijo Anthony Robbins:

> *«No hay éxito duradero sin una entrega personal y compromiso».*

Esto significa que no solamente se requiere un arduo trabajo para alcanzar nuestros objetivos, sino establecer metas más ambiciosas conforme vayamos logrando las anteriores para mantener la bonanza y estar preparados para la época de las vacas flacas.

Desgraciadamente, los gobiernos suelen concentrarse más en la parte política que en visualizar y planear un desarrollo óptimo del país a largo plazo. Claro, hay muchos intereses detrás de estas posturas, no obstante, si un líder tiene el ingenio de encontrar el equilibrio y deshacer paradigmas del pasado; su éxito, reconocida gestión, y período de gobierno extenso, no será una sorpresa.

Lo que ocurre es que los gobernantes actuales son envanecidos por el poder y se centran en beneficiarse a corto plazo. Expongo con propiedad que muchos de ellos, antes de ser electos, solo piensan en llegar al cargo y lucrarse; olvidándose de lo prometido a lo largo del camino y de lo ventajoso que es posicionarse como un gobernante que hizo historia en el país. Próximos líderes políticos, no solo se trata del dinero y la autoridad, sino de servir como representante nacional por el bien de la población; lo cual tendrá como añadidura riqueza y poder. Hay que trabajar día a día con eso en mente, aprendiendo de los errores, contrariedades y problemas; guiados por la convicción de forjar un destino brillante para la Nación.

INDEFENSIÓN APRENDIDA

Como estamos dormidos, creemos que todo está saliendo bien y que así continuará. No nos preocupamos por ver qué está pasando afuera, o de las repercusiones que traerá. Como ya mencioné, puede ser que se manifieste una alerta inicial —como aconteció con la pandemia—, pero esa sensación pierde fuerza hasta desaparecer y arrojarnos otra vez en un estado de adormecimiento; incluso si nos quedamos sin empleo. **La indefensión aprendida nos quita las ganas de luchar**. Nos golpean, nos latiguean, pero seguimos allí.

Puede ser que en Ecuador suceda que por tener mucha riqueza en su tierra, personas que viven de la agricultura, y una canasta alimenticia familiar no tan costosa. Existe conformismo con vivir de lo que siembran, así como de su apicultura y ganadería. De cierto modo es una ventaja, porque no mueren de hambre, pero más se alimenta lo denominado **indefensión aprendida**.

En los últimos gobiernos, el pueblo se ha acostumbrado a acatar las decisiones de sus representantes políticos, movidos por la creencia de que no poseen la capacidad de discernir y optando por un comportamiento pasivo. Se olvidan de que pedir justificaciones al gobernante por las acciones tomadas, el rendimiento de cuentas y su participación ciudadana es igual de importante que la dirigencia del gobierno. Recordemos que en esencia todos somos parte del gobierno. Nosotros somos quienes decidimos quién está, o no, en el poder. Por supuesto, una ciudadanía educada; factor que realza lo primordial de este eje fundamental para cualquier plan estratégico de gobierno. <u>Un pueblo educado es un pueblo que saca adelante al país</u>.

En este mismo orden de ideas, es lamentable que se viva en indefensión aprendida en muchos países de Latinoamérica. El no reaccionar a las acciones deplorables significa aceptarlas. El no alzar la voz es apoyar la corrupción y las decisiones egoístas. Y, puede que se siga dando, porque se cuenta con una holgada reserva monetaria a raíz de la dolarización. Sin embargo, ¿Debemos esperar a que ocurra un evento sin precedentes que golpee los bolsillos de los ecuatorianos para luchar por un mejor futuro?

Las épocas de bienestar son las indicadas para elaborar planes de acción y modificar los elementos que sean necesarios. Así se hará con la cabeza fría y sin improvisaciones. Un caso que vale la pena citar es Israel, cuyo territorio es desértico y no tenía agricultura, ni tecnología. No obstante, algún gobernante tomó conciencia, se dio cuenta de que la situación no podía prolongarse, y ahora sus desiertos son agrícolas.

Si bien es cierto que el plan de gobierno es un tema general, su cultura organizativa debe extenderse a todas las dependencias gubernamentales, e incluso a los sectores privados. Tomando como ejemplo a un país de gobierno descentralizado como Ecuador, los líderes de cada una de sus provincias deben avanzar hacia un mismo norte, con una planificación y control meticuloso.

El orden del mundo puede cambiar en cualquier momento, y es algo que se evidencia con los actuales países emergentes, los cuales revolucionaron sus estrategias para ser un ejemplo a seguir en el ámbito internacional y traer prosperidad a su pueblo. Debemos aprender de sus mecanismos de planificación para producir mejoras en nuestra región, lo que se logrará a través de compromiso, valentía, ruptura de paradigmas, unión nacional, establecimiento de metas alcanzables y coherentes, y visión futurista. Hay que prever los problemas que puedan surgir, para evitar sufrimiento y más retroceso en nuestras sociedades, con un Plan Estratégico de Gobierno sólido que impulse la generación de riqueza estimulando la inversión extranjera, educando a la ciudadanía, siendo proactivos, y abandonando zonas de confort. Y no pueden quedarse solo en pensamientos

que floten en el aire, sino plasmarlo en una estructura y en un contenido que será lo que integre al Plan Estratégico de Gobierno, aspectos que se detallarán en el siguiente capítulo.

CAPÍTULO II

ESTRUCTURA Y CONTENIDO DEL PLAN ESTRATÉGICO

ESTRUCTURA DEL PLAN

Inspirándome o considerando como guía, el modelo de un Plan Estratégico de Negocios aplicable en el Sector Privado, el diseño de un Plan Estratégico de Gobierno debería contemplar los siguientes pasos:

- **Sección I: Conocernos Internamente** - Corresponde a información clave, resumida y condensada respecto a los bienes, estructura organizativa, dependencias públicas, empleados, y todo de lo que dispone el gobierno central de un país.

- **Sección II: Benchmarking -** Representa la obtención de datos macroeconómicos de otros países que contribuyan a realizar una comparación para identificar las mejores prácticas de otras naciones, así como nuestras fortalezas y debilidades.

- **Sección III: Indicadores Claves de Rendimiento (KPI´s) -** Es el diseño e implementación de los famosos indicadores, mediante la definición de factores claves de éxito que nos ayudarán a medir y evaluar su cumplimiento mediante los KPI´s. Aquí se parte de un preconcepto que indica «***Lo que no se mide no se controla***».

- **Sección IV: Sistemas de Información** – Se requiere de un sistema de datos integrado para un adecuado control y verificación de la información generada en cada área del gobierno a evaluar. Dicho sistema tendrá que reflejar en forma comparativa las cifras e indicadores contemplados en el plan estratégico, con los datos reales en el menor tiempo posible.

- **Sección V: Creación de Comités -** Se encargarán de examinar las cifras reales con los datos proyectados en el Plan Estratégico de Gobierno y tomarán las decisiones pertinentes en función al análisis de la información.

CONTENIDO DEL PLAN

En esa parte será de ayuda referirme al Capítulo IV del libro **Metas**, de Bryan Tracy el cual se enfoca en los valores, sistemas de creencias, convicciones, y la actitud:

«Su actitud será el reflejo o la manifestación externa de sus valores, convicciones y expectativas. Por ejemplo, si según sus valores éste es un buen mundo donde vivir y está convencido de que va a tener éxito, dará por sentado que todo lo que sucede alrededor le ayudará de un modo u otro; como resultado de aquello va a tener una actitud mental positiva hacia los demás y ellos reaccionarán de manera positiva hacia usted. Debe ser una persona optimista, animosa, honrada, honesta; será alguien con quien y para quien los demás

> *querrán trabajar, a quien querrán comparar y vender, y en general a quien ayudar a tener más éxito».*

Los valores y las convicciones son piezas claves dentro del diseño del Plan Estratégico de Gobierno. Por eso, primero tenemos que ordenarnos internamente, desde adentro hacia afuera, ya **que lo que *somos* se proyecta en lo que hacemos**. Aquí entra el papel de cambiar y dar ejemplo. Hay que ser fieles a nuestros valores, a nuestros principios, a la ética, a la honestidad. Así no permitiremos actos ilícitos y nos rodearemos con las mejores personas para el cumplimiento del plan. Puede parecer algo quimérico, o algún sueño, pero es lo ideal.

Una equivocación es que no nos importe el pensamiento real de las personas. Ignoramos el hecho de que roben, si hizo obras y hubo relativamente mejoras. Incluso glorificamos a ese gobernante. No obstante, esa es una gran falla, porque ese líder debe venir con una convicción y principios que serán transmitidos a sus colaboradores, para que estos se comprometan con el plan bajo los mismos lineamientos de ética, lealtad y honestidad. El carácter y valores del gobernante se plasman en el Plan Estratégico para convertirse en una filosofía que debe ser enseñada en todas las dependencias gubernamentales. Con coordinación precisa y mancomunada es que se logran los objetivos.

Cabe destacar que, el pasado de una persona no condiciona su futuro. Al adaptarlo a este contexto, quiero decir que no importa los años que hemos vivido en un modelo decadente, podemos cambiar de mentalidad y evolucionar en uno que nos haga **país emergente**. No es un sueño y ya otros países del tercer mundo lo están logrando. ¿Por qué no nosotros y nuestro pueblo?

Misión, Visión y Valores Compartidos

La misión, visión y valores compartidos son instrumentos fundamentales y necesarios para alcanzar metas, los cuales formulados correctamente garantizarán el cumplimiento razonable y eficiente.

Para una definición adecuada de la misión, visión y valores hay que hacer lo siguiente:

- Definir quiénes somos y cuál es nuestro propósito.

- Fijar hacia dónde queremos llegar y por qué.

- Identificar qué información necesitamos para tomar decisiones.

- Determinar cuáles son los temas y problemas más importantes.

- Diagnosticar cuáles son los recursos disponibles.

Este estudio de la organización de un país sacará a flote los factores que tienen que considerarse y ayudarán a crear versiones preliminares para la misión, visión y valores compartidos. Los tres son puntos de partida útiles sobre los cuales trabajar hasta que sean claros y capaces de captar la atención y motivar a la ciudadanía.

La Misión

Es «*la razón de ser*», es decir, lo que debe hacerse, el camino a seguir y las actividades que realizamos, guiándonos de nuestro enfoque, para cumplir un determinado objetivo. Haciendo una analogía con las personas, **la Misión es el sentido o significado de vida**.

Una misión adecuada influenciará en que la población tenga una buena comprensión y comparta lo propuesto por el gobierno. La sincronía entre dónde estamos, a dónde queremos llegar y qué se está haciendo para lograrlo, es el secreto.

La misión de un gobierno debería contener:

- El objetivo enfocado en el bienestar de la ciudadanía.

- Las acciones que dirijan al objetivo.

- El impacto que se desea lograr en su promulgación a la población.

Un ejemplo de la Misión de un país sería:

Perú

> «*Construir un Estado descentralizado con enfoque de desarrollo territorial y con servicios públicos de calidad orientados al ciudadano, desarrollando mecanismos de coordinación para una mejor articulación de las políticas de Estado a nivel nacional, que contribuyan a la gobernabilidad y el crecimiento económico, competitivo y sostenible del país*».

La Visión

La Visión es el punto al que deseamos llegar, el final del camino, **es la meta**. Es importante porque está relacionada directamente con el objetivo y, por ende, debe definirse, ser real y alcanzable. En otras palabras, la Visión es el lugar y las circunstancias en la que proyecta estar una organización o un país en el futuro.

Este elemento genera en los ciudadanos una imagen que los inspira a actuar, para colaborar con el logro de los objetivos que ven como posibles. Además, demuestra el nivel de organización que tiene el gobierno, así como lo que busca en el ámbito económico, político y social.

Es necesario mencionar que, dentro del Plan Estratégico de Gobierno, la Visión del Gobierno debe estar alineada con la visión independiente de cada dependencia o ministerio para cumplirla, el objetivo general del país como un todo.

Una visión correctamente elaborada debería ser:

- Entendible y concisa, pero profunda.

- Inspiradora y mover a la acción.

- Ambiciosa.

- Consistente con los valores de la empresa.

Un ejemplo de la Visión de un país sería:

Perú

> *«Ministerio que promueve el cambio para contar con un Estado moderno, articulado y descentralizado, generando la confianza en la población e incremento de la competitividad».*

El Sr. Daniel Zovatto dice:

> *«Sin Estados capaces es poco probable alcanzar acuerdos nacionales, y menos aún asegurar políticas que faciliten su cumplimento».*

En consecuencia, la Misión y la Visión del gobierno deben relacionarse y enfocarse en el alcance de los objetivos de la Nación, porque solo así se tendrán altas probabilidades de que el Plan Estratégico de Gobierno se desarrolle según lo establecido.

Valores Compartidos

Los valores engloban todo lo que creemos, y se reflejan en lo que hacemos, en lo que estamos dispuestos a promover, y en lo que defendemos. Pueden percibirse como las bases filosóficas de la conducta ciudadana que afectan la convivencia dentro de las sociedades.

Los valores nos dan el grado de civilización, pues permiten el progreso equilibrado para lograr una mejor calidad de vida. Por ejemplo: ¿Cómo sería nuestra sociedad si todos asumiéramos las consecuencias de nuestros actos, si fuéramos responsables con nuestras obligaciones, tolerantes con los demás y honestos? Nuestra sociedad sería muy diferente a la actual, ¿cierto?

Algunos Valores Compartidos podrían ser:

- **Pasión:** El entusiasmo hacia lo que hacemos y cómo lo hacemos.

- **Compromiso:** Avanzar junto a los integrantes de las entidades y apoyarlos.

- **Integridad:** Como empresa, como país, y como individuos, actuar con profesionalismo y ética.

- **Emprendimiento:** Ser proactivos, energéticos y asertivos para aprovechar las oportunidades.

- **Eficiencia:** Ser conscientes y cuidadosos con los recursos que utilizamos —incluyendo al tiempo— para lograr nuestros objetivos.

Los Valores Compartidos de un Gobierno deberían ser:

- Respeto.

- Transparencia.

- Responsabilidad.

- Solidaridad.

- Empatía.

- Lealtad.

- Disciplina.

- Tolerancia.

- Honestidad.

Una vez consolidados la Misión, la Visión y los Valores Compartidos de un Gobierno, se procede a difundirlos con orgullo en todos los medios y espacios posibles, para que el pueblo y el mundo se familiaricen con ellos y se maravillen. Se pueden utilizar las redes sociales, carteles, propagandas de televisión, y cualquier otro método de comunicación. Asimismo, esta visibilidad que se les da es un compromiso más fuerte que adquiere el gobierno y sus dependencias.

La importancia del lenguaje

Las palabras son armas capaces de impactar la percepción, actitud y conducta de los receptores. Por eso, a la hora de plantear la misión, visión y valores de un gobierno, hay que emplearlas a nuestro favor para transmitir lo que se desea lograr de la mejor manera posible. Prestarle especial atención y esmero a la selección de las frases adecuadas puede ser decisivo en la reacción que tenga la ciudadanía. No es sencillo, requiere de un análisis profundo, así que no debe tomarse a la ligera.

LOS 6 ENFOQUES CLAVES PARA PLANIFICAR ESTRATÉGICAMENTE

Los enfoques claves para una excelente planificación estratégica son las siguientes:

1. Pensar estratégicamente

> *«No hay ningún viento favorable para el que no sabe a qué puerto se dirige».*
>
> **Arthur Schopenhauer**

Pensar estratégicamente involucra establecer hoy cómo nos vemos en el futuro. Naturalmente, la tendencia es orientada a la acción; a actuar frente a una amenaza apremiante y la planificación va quedando de lado. Nos acostumbramos a no tomar decisiones con una perspectiva a mediano o largo plazo, cuando prevemos que las circunstancias cambiarán y la incertidumbre se manifestará si no nos encargamos de construir el mañana.

Lo primordial en cualquier plan es el proceso reflexivo, donde se incluye el pensamiento estratégico y la planificación. Así es cómo se define una ruta, con prioridades y medidas de acción en caso de posibles contingencias. Para el gobierno será beneficioso que la estrategia sea flexible, porque el futuro es variante y hay situaciones exógenas que no pueden ser controladas, pero afectan de alguna forma el país.

2. Tener visión internacional/global

> *«Lo que nos limita no son nuestras habilidades, sino nuestra visión».*
>
> **Anónimo**

Muchos gobernantes se cierran y limitan su plan de acción y sus objetivos al ámbito local. Esto suele deberse a que desconfían del potencial que tenemos como nación, o carecen de visión estratégica; y es un grave error. El verdadero crecimiento económico yace en la competitividad ligada al mercado internacional y al ingreso de divisas. Que un gobierno haga énfasis en la internacionalización es vital y requiere de preparación, conocimiento del país, detección de oportunidades y problemas latentes, diseño de estrategias comerciales, entre otros.

La paciencia es fundamental, ya que los resultados de las decisiones tomadas no suelen percibirse ni a corto, ni a mediano plazo. En este orden de ideas, surge el tampoco olvidarse de las medidas locales, porque serán las bases que soporten al país mientras sucede el proceso de internacionalización. Hay que ser objetivos y soltar el pasado para enfocar los esfuerzos en lo realista.

Por ejemplo, Ecuador dejó de ser un país petrolero para ser eminentemente agrícola. Entonces, el camino tiene que ser dirigido a fortalecer ese sector, con planes estratégicos que no solo se centren en lo tradicional —como el banano, cacao, café, y maracuyá—, sino estén abiertos a productos innovadores, basándose en estudios de demanda a nivel mundial que desenlacen en nuevas exportaciones.

3. Reinventarse. Redefinir

> *«La mente que se ha expandido por una nueva idea nunca regresa a su dimensión original».*
>
> **Oliver W. Holmes**

El replanteamiento de la estructura en función del potencial actual del país es un ejercicio de reflexión que se aconseja realizar cada cierto tiempo. Esto tiene la ventaja de expandir los horizontes del Plan Estratégico de Gobierno y establecer metas más ambiciosas, pero igual de alcanzables.

Antes de redefinir la planificación estratégica hay que considerar lo siguiente:

- ¿Cuál es mi misión?

- ¿Cuáles son mis limitaciones actuales?

- ¿He cumplido con mis objetivos a corto plazo?

Estas interrogantes son los vectores principales a tomar en cuenta para la nueva dimensión del plan estratégico. Con la misión identificada, la detección de las limitaciones actuales, y la revisión del logro de los objetivos, se tendrá una visión general del estado actual del gobierno. Esto facilita fijar nuestras metas, idear nuevos planes de acción en caso de contingencias, y más en pro del prolongado bienestar nacional.

4.- Buscar nuevos medios de apoyo (aliados)

> *«La unión hace la fuerza»*.
>
> **Esopo**

Forjar alianzas operativas y estratégicas es viable para todo gobierno y recomendable para: minimizar riesgos a la hora de invertir, facilitar el ingreso a nuevos mercados, acceder a nuevas tecnologías, mejorar la imagen del país. Aunque el inicio de toda alianza es incierto, propiciarla con una estrategia de progreso clara, una Nación que cubra un perfil certero, y la ayuda de un facilitador externo; el éxito de la misma y del resto de los hitos de la negociación es muy probable.

De esta manera, se recomienda que el gobierno incorpore un ente que se encargue de identificar, valorizar y liderar las opciones de crecimiento competitivo. Muchas veces esto recae en el Ministerio de Comercio Exterior, sin embargo, hay países que cuentan con el tamaño suficiente para tener un departamento entero que solo se concentre en esta labor.

5. Desarrollar la innovación en valor y la transformación digital

> *«Las cosas solo tienen el valor que nosotros les damos»*.
>
> **Moliere**

El modo en el que los países del mundo están enfocando la innovación está cambiando a pasos agigantados. Tras una época en la que el término **«innovación»** se asociaba únicamente al ámbito tecnológico, actualmente la actividad innovadora de los países está siendo abordada desde una perspectiva más amplia. Ejemplos de ello son: la innovación de 360°, la innovación frugal y la innovación en valor.

La denominada **innovación frugal** busca eliminar lo que no aporta valor. Se simplifican los productos, se utilizan materiales más baratos, se replantean los procesos productivos. Lamentablemente, este concepto está alejado de la mentalidad de nuestros gobernantes; me atrevo a presumir que es porque nadamos en la abundancia y desarrollamos productos y servicios para clientes y sociedades sin restricciones presupuestarias.

Por otro lado, la innovación en valor busca entregar una mejor calidad al cliente, pero reduciendo el costo. No debe confundirse con el objetivo de innovar con alto valor económico, sino todo lo contrario.

6. Potenciar el equipo

> *«El espíritu de grupo es lo que da a muchas empresas una ventaja sobre sus competidores».*
>
> **George L. Clements**

Sin liderazgo, las estrategias no serán exitosas. Un liderazgo fuerte, que sea capaz de traccionar el cambio, es sin dudas necesario; tanto como que el gobernante cuente con una estrategia sólidamente formulada, enfocada y compartida por la organización.

Un gobernante comprometido con el crecimiento nacional del país y de su pueblo estará motivado a crear un equipo de trabajo, en el que involucre a colaboradores comprometidos con la definición de la estrategia. También fomentará el desarrollo de las personas y sus capacidades a través del conocimiento al alcance de todos, e impulsará talentos, comportamientos y hábitos que favorezcan el cambio, la proactividad, la flexibilidad y la polivalencia de la ciudadanía.

La organización y las estrategias son clave, las cuales se delinearán mediante el análisis de una serie de elementos fundamentales para enfocar correctamente el Plan de Gobierno, lograr su efectividad y obtener una buena recepción por parte de la ciudadanía. Elaborar un Plan Estratégico de Gobierno no es cualquier cosa y por eso se divide en secciones, contiene una esencia por la que debe regirse la planificación, y mecanismos que contribuyen a su integración. Utilice lo que comparto como una guía y verá cómo el Plan Estratégico de Gobierno se plasma con mayor facilidad. Recuerde que cada Plan Estratégico de Gobierno es diferente, debido a que las características de cada país varían, y, a raíz de ello, conocernos internamente es vital y es un tema del que se hablará más a fondo en el próximo capítulo.

CAPÍTULO III

CONOCERNOS INTERNAMENTE

¿CON QUÉ CONTAMOS ?

Thomas Hobbes en **El Leviatán** dice:

> **«El que tiene la información, tiene el poder».**

Concuerdo. Mientras más información se dispone de un tema en particular, más alternativas tendremos para sustentar o enfrentar una situación, e influir en ella. La información oportuna, fiable y analizada nos permite conocer en detalle lo que ocurre para tomar la mejor decisión a la hora de actuar. Asimismo, aclara y orienta los conocimientos necesarios para establecer metas y para darle un rumbo apropiado al país. En conclusión, la información pertinente es fundamental para el diseño del Plan Estratégico de Gobierno.

Iniciemos con el **Benchmarking**, una herramienta útil que será abordada más a fondo en el siguiente capítulo. Consiste en compararnos con otros países para detectar qué debemos mejorar, cambiar, o continuar haciendo. Pero, claro, para que sea una práctica efectiva, primero hay que identificar qué sucede en el país, como:

- ¿Cómo percibo que está el país de manera general?

- ¿Cómo está organizado el país?

- ¿Cuál es la Misión, la Visión y el conjunto de Valores Compartidos que rigen al país?

- ¿Cuál es el estado de las relaciones internacionales?

- ¿Cómo están funcionando los servicios públicos?

- ¿Con qué recursos cuento?

En desorden y sin registro real de los elementos que integran al país, será imposible realizar una comparación. Piensa en cómo haces para identificar las diferencias o similitudes entre dos objetos o escenarios; vas enlistando las características de cada uno, y luego los sometes a evaluación. Para ser un mejor país, **hay que aprender de los errores y de las virtudes de los demás**, así como asegurarse de que las acciones que se ejecutan en ciertos ámbitos son las adecuadas.

Un gobierno debe prestarle especial atención a recursos potenciales como esto:

- Empresas públicas, mixtas y privadas.

- Empleados públicos por Dependencia, Ministerio, Unidad Educativa, entre otros.

- Hospitales y establecimientos de salud.

- Propiedades, equipos y vehículos.

- Activos intangibles.

- Productos de importación y exportación.

- Tratados y convenios internacionales.

Deben existir listas que contengan en detalle la información antes mencionada.

Ecuador, por ejemplo, posee 123 entidades vigentes que se encargan de planificar y ejecutar las acciones del gobierno. Estas son:

Entidad	N°
Presidencia de la Republica	1
Vicepresidencia de la Republica	1
Ministerios	19
Secretarías Nacionales	2
Secretarías Técnicas	6
Secretarías	2
Consejos Nacionales para la igualdad	5
Agencias de Regulación y control	15
Empresas Públicas	22
Banca Publica	5
Institutos de Investigación	12
Institutos de Promoción	7
Direcciones	2
Servicios	13
Otra institucionalidad	11
Total	**123**

Conocer la realidad interna del país nutrirá al Plan Estratégico de Gobierno. Tener noción de los recursos disponibles sirve para puntualizar las fortalezas y oportunidades, al igual que las debilidades y amenazas que habrá a futuro. Con esto, se elaborarán planes exitosos a corto, mediano y largo plazo. Podremos corregir las fallas y minimizar las repercusiones de probables contingencias que puedan ser un riesgo para los objetivos contemplados en el Plan de Gobierno.

La recopilación de información debe hacerse en conjunto, con el aporte de todos los niveles de gobierno involucrados. De esta manera, por ejemplo, el Ministerio de Comercio cuenta con los datos relacionados con las demandas mundiales de banano, café, cacao, camarón, piñas, flores, entre otros; por lo que tiene que actuar de acuerdo a esos números y usarlos como parte de su aporte para la consolidación de los planes de gobierno. Además, su actitud estratégica debe contagiarse hacia los demás ministerios, motivándolos también a fomentar este ventajoso cambio de pensamiento.

Cada Dependencia Pública, o Ministerio, debe reportar la información manejada para emplearla con el fin de proteger y defender a los sectores afectados. El trabajo en equipo tiene efecto a más ingresos para el Estado, mejor posicionamiento del país y mayor producción de bienes o servicios. Y, no se trata de solo dejar la información plasmada en papel. Quizá sí llegue toda la información requerida a los lugares necesarios, pero quedan como adorno. **<u>Es vital el cambio de mentalidad para ser proactivos</u>** y tomar decisiones a partir de los datos suministrados. Esta es la única forma para traer prosperidad al país.

Empleados públicos por Dependencia, Ministerio, Unidad Educativa, entre otros

Un gobierno cuenta con recursos humanos, es decir, personas. Sin embargo, suele suceder que un porcentaje considerable de esas personas no tengan la mejor capacitación. También puede presentarse el caso de que sí sean las personas idóneas, pero no han recibido el entrenamiento adecuado para saber cumplir con sus funciones. En este contexto, debemos preocuparnos por la educación de la ciudadanía y, especialmente, la de las personas que integran el gobierno, porque en ellas recae la responsabilidad directa del funcionamiento del país.

MOTIVACIONES HUMANAS

Traigamos a la mesa los tres aspectos por los que se mueve la gente en el campo privado; lo denominado **motivaciones humanas**:

- **Motivación extrínseca** – Es originada por un factor externo, sobre todo el dinero. Es decir, por recibir una remuneración.

- **Motivación intrínseca** – El personal labora a partir de una motivación interna, como la adquisición de conocimientos. Esto requiere que haya inversión en programas de entrenamiento y capacitación.

- **Motivación Trascendente** – Los empleados son movidos por la búsqueda del reconocimiento, que sean felicitados, que la empresa exprese lo importante que son para la organización y su puesto de trabajo.

En el sector público, es poco probable que alguno de estos tres tipos de motivación rija las acciones de los trabajadores. Ellos trabajan por inercia, entregando lo mínimo y generando resultados ineficientes debido a un sueldo decadente, escasos o nulos planes de formación profesional, y un ambiente de trabajo desalentador. Por eso, debe existir un Departamento de Talento Humano del Gobierno Central, y de sus dependencias, que vele por motivar a los empleados públicos para obtener mejoras significativas en la gestión, e implementando sistemas como:

- Valoración de cargos.

- Evaluación de competencias.

- Evaluación de desempeño.

- Planes de crecimiento profesional.

- Reconocimientos públicos a los trabajadores con alto rendimiento.

No podemos contratar personas, ni mantener como empleados, a individuos que no saben lo que hacen, no están comprometidas con los objetivos del Plan de Gobierno, no tienen sentido de pertenencia, ni comprenden la misión y visión de la organización. Es de gran relevancia la adecuada orientación, la oferta de espacios y herramientas para formar trabajadores públicos cada vez mejores, y el esparcimiento de los ideales que constituyen al Plan de Gobierno.

Tener un departamento que se centre en el recurso humano también facilita el conocernos internamente. En términos de: saber con cuántas personas se cuentan para realizar las tareas, el costo de su labor, el tiempo con el que se cumplen las metas, y demás señales vinculadas con el balance que debe haber entre el gasto público y la efectividad con la que se llevan a cabo las actividades del gobierno. De esta manera, se puede identificar si existe un sobredimensionamiento en ciertas áreas, y se hagan los recortes o reemplazos necesarios para no desperdiciar el dinero, ni conservar a empleados que no aporten al desarrollo del país.

Por otro lado, hay que tener presente que **el recurso humano debe estar comprometido, y no interesado, en acatar las disposiciones y esquemas del Plan de Gobierno**. El interés involucra trabajar con la única motivación de ganar dinero; mientras que el compromiso va más allá y abarca actuar de manera eficiente y eficaz para que la organización mantenga el rumbo.

Esta famosa frase de Miguel Ángel Cornejo lo deja muy claro:

> *«Los comprometidos apuestan su vida, los interesados solo se alquilan temporalmente».*

INFORMACIÓN ESTRATÉGICA DE LOS RECURSOS DISPONIBLES

Ya viendo al recurso humano como uno de los recursos vitales del gobierno, se requerirá tener noción de lo siguiente para poder atender y aprovechar las demandas del mercado externo, y lidiar con las necesidades de los ejes estratégicos:

- Demanda global.

- Capacidad instalada.

- Capacidad utilizada.

Demanda global

Es el valor correspondiente al consumo total, ya sea de bienes, servicios, gasto público, inversión neta y exportaciones, que los países realizan en un tiempo determinado. En ese sentido, si el consumo aumenta, la demanda global también lo hará; pero para que esto suceda, los gobiernos deben establecer estrategias que ayuden con la disminución de los costos de dichos bienes, o establecer incentivos, como la reducción de impuestos —como se mencionó en el capítulo anterior—. Además, esta acción contribuirá con la regulación de los niveles de inflación y desempleo.

Capacidad Instalada

La capacidad instalada es la disponibilidad de infraestructura que se posee para producir una cantidad de determinados productos o, en su defecto, para la prestación de bienes y servicios. De su magnitud dependerá directamente la cantidad de producción que pueda ser suministrada.

Los datos de la capacidad instalada del país permiten conocer los límites de producción y, en consecuencia, calcular cuánta producción se puede ofrecer al mercado exterior, así como qué medidas tomar para aumentar la capacidad productiva del país.

Capacidad Utilizada

La capacidad utilizada es la medida de las instalaciones de producción activas en comparación con lo que operaría en caso de estar al máximo de la capacidad instalada. Esto sirve para diagnosticar cuánto más se puede ofrecer al mercado exterior basándonos en la producción actual. Esto funcionaría como sustento para futuras negociaciones y evitar incumplimientos de tratados comerciales.

INDICADORES MACROECONÓMICOS CLAVES

Hasta ahora el enfoque ha sido en la información necesaria para conocer al país, sin embargo, para elaborar un Plan de Gobierno extraordinario, también se deben considerar los indicadores macroeconómicos, ya que son esenciales para analizar la realidad económica del mismo. Estos factores señalan cómo se mueve la economía de un país, por lo que son fundamentales a la hora de formular estrategias y ejecutar medidas.

El listado a continuación cuenta con los indicadores macroeconómicos más importantes:

- PIB.
- PIB Per cápita.
- Balanza Comercial.
- Tasa de Inflación.
- Canasta Básica Familiar.
- Población Económicamente Activa.
- Tasa de Desempleo.
- Salario Básico.
- Costo de la Mano de Obra.
- Tasa de Interés Referencial Activa y Pasiva.
- Deuda Pública.

- Riesgo País.

- Recaudación Fiscal.

- Ingresos Económicos.

- Inversión Extranjera.

- Índice de Analfabetismo.

- Índice de Delincuencia.

- Demográfica.

DESCUBRIR NUESTRO POTENCIAL

¿Hacia dónde nos dirigimos?

<u>Si un país no conoce lo que internamente tiene, no podrá aprovechar sus recursos y tomar ventaja de estos.</u> El ignorar nuestro potencial como país implica no animarnos a innovar, no trabajar con efectividad para conseguir una mejora en el bienestar de la ciudadanía, no combatir nuestras debilidades, y un montón de cosas más que harán que el país se estanque y deteriore. Por ende, es vital saber quiénes somos como individuos, como organización, como país. ¿Quiénes somos y con qué disponemos para sacar adelante a la Nación?

Conocernos para compararnos

Probablemente, el compararnos nos ayudará a aprender, cambiar e imitar comportamientos. Asimismo, nos permitirá hacernos preguntas sobre nuestras circunstancias. Por ejemplo:

Ecuador tiene 19 Ministerios y 10 Secretarías. La idea no es decir que hay que prescindir de ellas —aquí es donde aplica la relevancia de conocernos—, sino analizar por qué y concluir si son necesarias o no. Recuerda: primero conocer, y luego criticar. En este contexto, lo mismo ocurriría con un funcionario y sus 3 o 4 asesores. ¿De verdad tienen que ser tantos? ¿Por qué?

¿Qué hacer con esa información?

En cualquier Plan de Gobierno se comienza con un plan macro y después se elabora uno micro, o un plan similar a una estructura organizativa.

Continuemos con el ejemplo de los ministerios: ya con los mismos constituidos, se tiene que armar su propio plan individual, sus estrategias y estructuras que obedezcan los lineamientos del Plan de Gobierno macro. Esto tiene que hacerse tanto en el sector privado, como en el sector público y en el Estado.

Todos los temas de los que hemos hablado hasta ahora; desde los recursos del país, la burocracia y los pilares fundamentales del gobierno, hasta el mercado externo y las relaciones internacionales, debe plasmarse en un inventario, o levantamiento de información. Por ejemplo:

- Activos (propiedades, vehículos, mobiliario, entre otros).

- Instituciones educativas.

- Compañías públicas, mixtas y privadas.

- Refinerías de petróleo.

- Etcétera.

Cada uno de los elementos tiene que ser valorado y desglosado para saber exactamente con qué cuenta el país. La información debe ser clara, concisa y ordenada para su rápida compresión y facilitar la toma de decisiones. De ser requerido, el inventario ayudaría al gobierno a decidir qué vender para financiar el presupuesto general del Estado, o qué bienes entregar al sector privado para que los administren mediante una concesión.

Por supuesto, la información debe ser manejada y aprovechada no solo por el gobierno nacional, sino también por el gobierno seccional. El gobierno nacional emite su Plan de Gobierno, con toda la información pertinente, y las gobernaciones, alcaldías y prefecturas tienen que copiar dicho modelo y elaborar su propio Plan de Gobierno Seccional; uno interconectado al Plan de Gobierno Nacional.

Cabe destacar que, los planes de gobierno son una ventaja, pero también pueden ser una amenaza si caen en manos equivocadas. Lo documentado en el plan de gobierno debe manejarse con cautela y con grados de restricción. Solo hay que compartir lo necesario para construir la imagen internacional de ser un país abierto al mundo, organizado, con ganas de progresar. Empecemos con inculcar y vender esa idea en el ámbito interno, y dicha confianza se irá propagando al exterior.

Saber con lo que contamos y comparar lo que hacemos con los demás, es necesario para una planificación sólida. Conocernos internamente nos permite explorar nuestras fortalezas y debilidades, proporcionando la ventaja de poder trabajar en mejorar, así como elaborar un plan que sea flexible, es decir, que pueda adaptarse a diferentes escenarios. Ya teniendo una noción de nuestros recursos, nace la posibilidad de comparar nuestras acciones con países similares al nuestro, en lo que se denomina como *benchmarking*; una herramienta muy útil para aprender de la experiencia de otros.

¿Te interesa el *benchmarking* y te gustaría entenderlo mejor? Pues, avanza hacia el siguiente capítulo.

CAPÍTULO IV

BENCHMARKING

LA HERRAMIENTA DE MEJORA

El **benchmarking** es una herramienta esencial en el análisis de información comparativa de diferente **índole; ideal** para identificar desviaciones positivas o negativas en las compañías de determinado sector y de similar actividad empresarial. De tal forma, que orienta a la hora de generar cambios o mejoras significativas en los procesos, en el manejo de las operaciones, y en la optimización de los recursos.

En el sector privado, el **benchmarking** compara datos contables, financieros, de producción, de marketing, de ventas, de recursos humanos, y demás elementos que sean claves para conocer a fondo las estrategias y prácticas de la competencia; así permitiéndonos ser conscientes de nuestras fortalezas y debilidades, e impulsar nuestra participación y posicionamiento en el mercado.

Al igual que en el sector privado, debe emplearse el **benchmarking** en el sector público para comparar los indicadores macroeconómicos con los países de una extensión geográfica similar. En el caso de Ecuador, serían naciones como Singapur, Panamá, Finlandia, Suecia, Suiza, Luxemburgo, Uruguay, entre otras. Con los resultados del **benchmarking** se arma una perspectiva real de la situación actual de sus organizaciones, lo que nos serviría para implementar las acciones necesarias para seguir o evitar su ejemplo.

¿POR QUÉ LA COMPARACIÓN?

Es parte de la naturaleza buscar el bienestar y compararnos con otros, pero, la pregunta sería: **¿Qué beneficios obtengo al compararme con los demás?**

Algunos aspectos positivos de las comparaciones son:

1. **Aprender de los errores de otros** – Al observar y analizar el comportamiento de alguien, se detallan sus debilidades y errores, dándonos la posibilidad de saber qué no hacer para no equivocarnos. «*Las debilidades de otros, son nuestra fortaleza*».

2. **Adoptar buenas prácticas** – Vendría a ser el complemento del punto anterior. Se trata de detectar qué es lo que sí funciona para guiarnos de ello y ver si lo podemos aplicar.

3. **Alcanzar un mayor conocimiento y comprensión sobre los países competidores** – Un gobierno debe trabajar activamente en acumular la mayor información posible sobre los países competidores:

   - Capacidad instalada y utilizada de producción y exportación de productos.

   - Densidad poblacional, características demográficas y principales índices macroeconómicos.

- La demanda mundial de productos en volúmenes y por países.

- Participación de mercado de los países competidores.

Esta información serviría para el incremento de exportaciones y deberá ser suministrada al sector privado para que ellos puedan diseñar sus estrategias y aprovechar oportunidades. El gobierno deberá apoyar esta gestión.

4. **Establecer nuevos objetivos** – Toda la información recopilada en el *benchmarking* nos permitirá cambiar de estrategia, establecer un nuevo plan de acción y conseguir nuevas metas.

5. **Identificar áreas donde sea factible mejorar el rendimiento** – El *benchmarking* nos ayudará a conocer las áreas a las que debemos poner más atención y que pueden ser mejoradas.

6. **Tomar inspiración** – Los límites están en nuestras mentes; y tener noción de que alguien más *lo logró*, debe llenarnos de motivación. Piensa: *«Si ellos pueden, ¿por qué yo no?»*.

Las comparaciones son necesarias

Las comparaciones son necesarias e importantes, porque vivimos en un mundo de constantes cambios políticos, económicos y tecnológicos. A veces, lo que atraviesan otros países es una premonición de lo que vendrá, y, en consecuencia, señalar las similitudes y diferencias de estilo de gobierno, efectividad, y características de la realidad y de la sociedad sirve de brújula para elegir un rumbo adecuado, luego de evaluar correctamente la información recopilada.

Su relación con la elaboración del Plan Estratégico de Gobierno

Fernando Marchitto indica que en la administración pública **el _benchmarking_ puede considerarse el medio apropiado para asumir el papel de generar bienestar en la comunidad**, a través de la recuperación de la eficiencia y eficacia. Al relacionar el **_benchmarking_** con el Plan Estratégico de un Gobierno, se puede definir como el proceso mediante el cual las entidades públicas comparan sus áreas internas y externas para unificar sus acciones, con el fin de lograr los objetivos y estar alineados con la misión y visión general del gobierno.

Cabe destacar que, las cualidades de los países varían, por lo que las políticas a ejecutar deben tomar en cuenta ciertos aspectos para que la información recolectada sea lo más homogénea posible, como:

- Tamaño y cobertura de los mercados.

- Entidades reguladas versus no reguladas.

- Benchmarking de mejores prácticas.

- La autosuficiencia operativa y financiera.

- Gastos operacionales con respecto a la cartera bruta.

- Productividad.

- Riesgo.

¿QUÉ SE DEBE COMPARAR?

Para realizar un **benchmarking** que sea útil en la elaboración de un Plan Estratégico de Gobierno, hay que tener claro por qué lo vamos a realizar y cómo nos beneficiará como país. Si nos comparamos, por ejemplo, con países de Latinoamérica, se deben estudiar: sus estrategias políticas, económicas y tecnológicas; enfoque interno y externo; y, principalmente, cómo mitigan sus debilidades y despuntan sus fortalezas. Aquí entran en juego los indicadores macroeconómicos, cuyos datos estadísticos proporcionarán la evolución económica de determinada nación y permitirán construir proyecciones para planificar estrategias a futuro.

Además de los indicadores macroeconómicos, de los cuales vimos una lista de los más destacados en el ***Capítulo III: Conocernos Internamente*** de este libro, las políticas económicas de un país son de suma importancia para identificar las mejores decisiones que han tomado algunos países para crecer en sus respectivas economías. Entre ellas vale la pena mencionar:

- Políticas Crediticias.

- Políticas de Deuda Pública.

- Políticas de Gasto Público.

- Políticas de Ingresos.

- Políticas de Inversión.

- Políticas Fiscales.

ETAPAS DEL BENCHMARKING

Para desarrollar de manera correcta el **benchmarking** es necesario conocer sus distintas etapas, ya que son fundamentales para obtener resultados exitosos. Las etapas son:

1. **Decidir qué elementos o indicadores deben ser sujetos a comparación**

   - Indicadores que intervengan en el progreso del país y de la ciudadanía.

   - Aquellos que sean coherentes, o estén en concordancia con los objetivos del Plan Estratégico del Gobierno.

   - Que sean el reflejo de una necesidad prioritaria para el país.

   - Que sean de carácter significativo.

- Que influyan en los planes de acción y toma de decisiones.

2. Planificación del proyecto

- Elección de los responsables.

- Definición del alcance y de la medición de los diferentes elementos o indicadores seleccionados para el *benchmarking*.

- Información requerida para la obtención de resultados y evaluación.

- Frecuencia de aplicación: mensual, bimensual, trimestral, anual.

3. Conocimiento del funcionamiento propio

- Características y modo de medir los elementos o indicadores que formarán parte del análisis comparativo.

4. Estudiando a otros

- Elección de los sujetos de comparación. Por ejemplo, los países que seleccionamos para la comparación y estudio de *benchmarking.*

5. Aprendiendo de los datos

- Cuantificar las diferencias encontradas en la comparación de la información.

- Efectuar un análisis e investigación de las causas de las diferencias encontradas en el estudio.

- Identificar las mejores prácticas realizadas por los países seleccionados para el **benchmarking**; así como determinar las fortalezas y debilidades del análisis comparativo de la información.

- Establecer aquellos elementos útiles que puedan utilizarse para implementar la mejora.

6. Elaborar un informe que contenga:

- Las conclusiones alcanzadas en el estudio de **benchmarking** con el análisis de las fortalezas, oportunidades, debilidades y amenazas que hayan sido identificadas.

- Las recomendaciones con los puntos que destacan para lograr mejorar las estrategias y poder cumplir con el Plan Estratégico de Gobierno.

7. Utilizando los resultados:

- Determinar los planes de acción a implementar para obtener los beneficios del estudio de **benchmarking**.

TIPOS DE BENCHMARKING

Hay diferentes tipos de **benchmarking** y es recomendable tener noción de cada uno de ellos para aplicarlos en el momento indicado dentro de la estructura del Plan de Gobierno y la realidad del país.

A continuación, se exhibe un esquema con los tipos de **benchmarking**:

Benchmarking competitivo

Este método es para saber el posicionamiento que tenemos como país en comparación con las otras naciones. Es ideal para determinar y profundizar procesos, estrategias y técnicas para alcanzar las metas establecidas. Uno de sus beneficios es que al comparar el desempeño y el estado actual de nuestro país con el de los demás, facilita la detección a tiempo de probables fallas y la corrección de las mismas

Benchmarking funcional o interno

No se centra en otros países, sino en los departamentos y organismos que integran al gobierno. Lo que busca es comparar el rendimiento de los entes gubernamentales para determinar si hay puntos que requieren revisión y mejora; esto con el fin de optimizar la gestión pública interna y darle un uso efectivo a los recursos de la nación.

Benchmarking genérico

Consiste en prestarle especial atención a los logros del país y compararlos con los de países más desarrollados; en términos industriales, comerciales, políticos, de seguridad, del sistema de salud, entre otros.

¿Qué tipo de Benchmarking se debe aplicar?

La respuesta es simple: todos. Sin embargo, su aplicación debe ser asertiva en todos los niveles internos de gobierno; para así identificar las áreas de mejora, imitar los mecanismos de acción de otros países, y conseguir los mismos avances, o incluso unos superiores.

La correcta ejecución del *benchmarking* implicaría un gran progreso en la gestión del gobernante de turno, ya que no solo volvería eficaces los procesos de mejora, sino que sería un crecimiento prolongado ante la comparación constante. **El *benchmarking* debe emplearse para crear planes que nos brinden ventajas competitivas frente a otros países**, conduciendo a la nación hacia la prosperidad, el bienestar y oportunidades de superación.

En resumen, el *benchmarking* será la herramienta clave que permita al gobierno de un país establecer adecuadamente aquellos indicadores macroeconómicos que sirvan para medir y evaluar el cumplimiento de los objetivos y metas establecidos en el Plan Estratégico.

En el siguiente capítulo, se hablará más a fondo de la importancia del *benchmarking* en el diseño e implementación de un Plan Estratégico de Gobierno, ya que ayuda a seleccionar los denominados KPI's (Indicadores Claves de Rendimiento) y las métricas a utilizar para su apropiada medición y evaluación. Con esto, se ensambla la capacidad de analizar el progreso de las acciones y qué tan cerca se está de lograr los objetivos y metas contenidos en el Plan Estratégico de Gobierno.

El *benchmarking* es toda una ciencia que permite recolectar información y sacarle provecho. Comparar es importante para evitar cometer los mismos errores de otros países y acelerar el proceso de crecimiento económico y de propagación de prosperidad en la ciudadanía. Con ayuda de los pasos que explico y de los tipos de *benchmarking* a implementar, confío en que un gobierno comprenderá mejor cómo utilizar adecuadamente esta herramienta. El detalle es que también se requiere de un Sistema de Información Gerencial, ya que para llevar una buena gestión de control deben existir mediciones, y es el motivo por el que desgloso este concepto en la parte que viene.

CAPÍTULO V

SISTEMA DE INFORMACIÓN DE GESTIÓN CON KPI'S

¿QUÉ ES UN SISTEMA DE INFORMACIÓN DE GESTIÓN (SIG)?

> **«Lo que no se mide, no se controla, y lo que no se controla, no se puede mejorar».**

El no contar con un sistema de información que contemple la aplicación de indicadores claves, que ayude al control de áreas específicas dentro de la gestión administrativa del país, ha permitido que existan inconsistencias en los procesos, generando pérdidas económicas para nuestra nación, al traducirse en sobreprecios en obras públicas, corrupción, desvío de fondos y gastos desmesurados.

La medición es imprescindible en la gestión, forma parte del proceso administrativo y es necesario conocer el estado de ciertos parámetros fundamentales para planificar, establecer objetivos, controlar resultados y tomar decisiones importantes para el país.

> **«La planeación sin control no tiene sentido y el control sin planeación es una actividad imposible de hacer».**

Un Sistema de Información de Gestión es un conjunto de mecanismos y procedimientos que recopilan información de una variedad de fuentes y la presenta en un formato legible.

Los administradores utilizan un sistema de información gerencial para crear informes que proporcionen una visión general exhaustiva de todos los datos, los cuales contribuirán en la toma de decisiones; desde las minucias diarias hasta las estrategias de nivel superior.

Los sistemas de información de gestión de hoy en día dependen en gran medida de la tecnología para juntar y desglosar los datos, pero el concepto es más antiguo que los avances computacionales modernos. **<u>Su objetivo principal es que las decisiones de los gerentes sean más eficientes y productivas</u>**. Los SIG logran esto al agrupar la información de una variedad de fuentes en una única base de datos y desplegarla en un formato lógico.

La importancia de implementar un SIG

El Sistema de Información de Gestión va a suministrar información clasificada y de vital importancia para la organización, con el propósito de dar soluciones a corto, mediano y a largo plazo. La serie de elementos que desglosa construye un panorama preciso del desempeño y entorno de la organización. Los SIG son necesarios, especialmente en la actualidad, ante mercados de bienes y servicios, laborales, financieros, de capitales y de divisas tan competitivos que ameritan estrategias para triunfar.

Como bien lo dijo Drucker en 1996:

> **«*La gente de negocios ha sobrestimado, y al mismo tiempo subestimado, la importancia que tiene la información para las organizaciones*».**

¿QUÉ ES UN KPI?

Un KPI es un Indicador Clave de Gestión, o, por sus siglas en inglés, un *Key Performance Indicator*, que en español significa Indicador Clave de Desempeño o de Rendimiento. Se trata de un valor métrico que señala aspectos esenciales que se relacionan con las tareas prácticas y que se requieren para evaluar y medir la gestión de una empresa o gobierno, así como el cumplimiento del plan estratégico. Aportan para la definición de los objetivos y su análisis y control.

Es necesario mencionar que existe una diferencia sustancial entre un índice y un indicador. Mientras que un índice es el resultado anterior de una gestión; un indicador es una meta del presente de una organización, la cual se puede comparar con el índice. Por ejemplo: en un Plan de Estratégico de Negocios, se puede establecer como meta que el consumo de energía eléctrica sea de 9kW/hora, pero el índice de consumo de energía eléctrico refleja que el resultado ha sido de 10kW/hora. En dicho caso, no se cumplió con el indicador (meta) planteado.

Características de los KPI's

- **Concretos** – Un KPI tiene que enfocarse en algo en particular y estar bien definido —un departamento, área, o proceso— para que, luego de su aplicación, el monitoreo y control sea eficaz.

- **Asequibles** – Un KPI debe ser alcanzable y establecer una meta realista. No puede formularse un KPI que no esté acorde con la información y los recursos disponibles.

- **Medibles** – Un KPI es métrico, por lo que debe ser cuantificable en términos de una unidad de medida. En otras palabras, la información que se desea controlar será valorable y realista.

- **Relevantes** – Un KPI proporciona información **clave y precisa**. Como pretende medir algo en específico, de cumplirse esta característica, los resultados que otorgue deberán ser importantes.

Como puede deducirse, los KPI's deben ir de acuerdo al diseño del Plan Estratégico de Gobierno; contemplando en primera instancia las metas generales de la organización y, posteriormente, los objetivos específicos, iniciando con los alcanzables y luego pasando a los medibles en el tiempo. Recuerda en todo momento lo vital que es seleccionar metas y objetivos que puedan cumplirse, ya que de lo contrario se corre el riesgo de caer en la decepción y abandonar el plan.

Antes de los KPI's, se aconseja que la administración del país realice un **benchmarking**, porque con la comparación de datos financieros y de gestión de países similares, se alivia la labor de escoger qué indicadores reales considerar.

¿Cómo elegir un KPI?

Con las preguntas enlistadas a continuación podrás definir con mayor criterio qué KPI's emplear:

- ¿Qué metas y qué objetivos perseguimos?

- ¿Influyen dichos KPI's elegidos en las metas del Plan Estratégico de Gobierno?

- ¿Son comparables?

- ¿Nos servirán de ayuda para calcular el Retorno de Inversión (ROI)?

- ¿Cada cuánto tiempo vamos a medirlos y mostrar los avances?

- ¿Quiénes van a medir los KPI's y con qué herramientas?

- ¿Qué personal tomará las acciones derivadas del resultado de los KPI's?

Los KPI's se miden y controlan mediante un cuadro de mando diseñado en función del Plan Estratégico de Gobierno del país, administración local, empresa del Estado o proyecto. Por ejemplo, recoge: aumento de ingresos de un 20% para el próximo semestre.

Como ya se mencionó, los KPIS's tienen que ser puntuales, accesibles y relevantes, adaptados al modelo de la estructura del país. De esta forma, para poder monitorearlos y tomar las decisiones más acertadas, hay que contemplar lo siguiente:

- **Definición** – Los KPI's deben proveer y difundir una descripción de nuestro objetivo específico con un lenguaje sencillo, corto y directo.

- **Fórmulas** – Establecer las fórmulas, bajo una lógica matemática, que serán utilizadas en los KPI's para la medición del indicador, la cual debería incluir unidades de medida. Por ejemplo:

Indicador	Fórmula	Unidad de Medida
Ingresos por habitante.	$\dfrac{\text{Total de ingresos}}{\text{Total de habitantes}}$	Porcentaje

- **Periodicidad** – Es la frecuencia y el período de tiempo de medición de los KPI's. Tiene que existir una fecha límite y, además, se sugiere que los resultados se comparen con los de períodos anteriores.

- **Responsable** – Un funcionario o directivo debe hacerse responsable de la medición del indicador KPI.

DISEÑO Y ESTRUCTURA DE LOS KPI´S

En general, los KPI's deberán ser diseñados por el país o una empresa, según una definición clara de los Factores Claves de Éxito, los cuales servirán para la identificación de los objetivos de la entidad o institución. Una vez establecidos los objetivos, tendremos la capacidad de poder seleccionar los Indicadores Claves de Rendimiento.

Por ejemplo, en el ámbito financiero económico de un país, los FCE podrían ser los siguientes:

KPI's Perspectiva Financiera Económica

- Incrementar los ingresos provenientes de exportaciones.

- Aumentar los índices de inversión extranjera directa.

- Medir el PIB.

- Reducir los gastos.

- Optimizar los costos.

- Incrementar aplicaciones que agiliten los procesos.

Principales indicadores para el control y cumplimiento de metas Económico Financiero

A continuación, se detalla un listado de posibles KPI's para el sector **Económico Financiero**. Estos son útiles para medir el grado de cumplimiento en materia económica de los principales índices macroeconómicos vinculados con la planeación estratégica de un gobierno:

Matriz de cumplimiento de KPI

N°	KPI's	Índice (Real)	Indicador (Meta)
1	PIB		
2	Crecimiento del PIB		
3	PIB Per Cápita		
4	Balanza Comercial		
5	Tasa de Desempleo		
6	Población Económicamente Activa		
7	Tasa de inflación		
8	% Deuda pública/PIB		
9	%Inversión Extranjera/PIB		
10	% Gasto Público/PIB		

Seguridad

Ahora, se coloca un ejemplo de los KPI's relevantes para el sector de **Seguridad**:

Matriz de cumplimiento de KPI

		KPI's		
N°	Tipo de violencia	Presunta motivación	Índice (Real)	Indicador (Meta)
1		Abigeato		
2		Amenaza		
3		Defensa propia		
4		Evasión de la justicia		
5		Robo a domicilios		
6		Robo a personas		
7		Robo a unidades económicas		
8	Delincuencia común	Robo de carros		
9		Robo de motos		
10		Robo en ejes viales o carreteras		
11		Secuestro		
12		Tráfico interno de drogas (microtráfico)		
13		Violación sexual		

N°	Tipo de violencia	Presunta motivación	Índice (Real)	Indicador (Meta)
		KPI's		
14		Contrabando		
15	Transaccional	Secuestro		
16		Tráfico internacional de droga		
17		Actos de odio		
18		Deudas		
19	Violencia comunitaria	Emocional		
20		Linchamiento		
21		Litigio de tierras		
22		Riñas		
23		Litigio de bienes		
24	Violencia intrafamiliar	Maltrato		
25		Sentimental		
26	Terrorismo	Terrorismo		

Educación

La próxima lista agrupa KPI's relacionadas con la educación:

Matriz de cumplimiento de KPI

N°	KPI's	Índice (Real)	Indicador (Meta)
1	Analfabetismo		
2	Tasa de becas y subsidios estatales		
3	Abandono escolar prematuro		
4	Tasa de graduación en educación superior		
5	Gasto público en educación		
6	Porcentaje de matrícula de la enseñanza privada		
7	Niños no escolarizados		
8	Tasa neta de admisión		
9	Tasa de repetición por grado		

Salud

En el área de la salud los KPI's son cada vez más frecuentes debido a la creciente presión en los centros de atención médica, la limitada disponibilidad de profesionales entrenados, y las restricciones presupuestarias. A continuación, una lista con las posibles KPI's para el sector de **Salud**:

Matriz de cumplimiento de KPI

N°	KPI's	Índice (Real)	Indicador (Meta)
1	Tasa de ocupación de camas hospitalarias		
2	Infecciones intrahospitalarias		
3	Tasa de infecciones en sitio quirúrgico		
4	Mortalidad de pacientes internados		
5	Tasa de errores en la medicación		
6	Capacidad de camas hospitalarias		
7	Mortalidad peri quirúrgica		
8	Promedio de número de casos por médico		
9	Registro de pacientes por turno		
10	Tiempo promedio de permanencia en la sala de urgencias		

Informe de Seguimiento

No solo se trata de seleccionar, medir y leer la información dada por los KPI's. Con todos los datos recopilados se debe elaborar un reporte que ayude a definir y mejorar los números de lo que se desea lograr. Hay que tener una perspectiva general de lo que sucede, qué abarca el KPI, qué no, quién está a cargo, quién verifica la información, y demás aspectos que hablen de una buena organización y eviten problemas de comunicación.

¿Cómo sacar el mayor rendimiento de los KPI's?

- **Monitorizarlos** de forma sencilla y efectiva. En este caso, podemos emplear cuadros de mando, que nos permitan realizar un seguimiento en tiempo real de nuestros indicadores.

- **Comunicarlos** a través de los diferentes departamentos y a toda la organización pública.

- **Mantenerlos actualizados** y siempre alineados con los objetivos del Plan de Gobierno. Esto requiere llevar a cabo revisiones semanales o mensuales.

- **Renovarlos** periódicamente, porque ocurren cambios en el comportamiento de la demanda de los países consumidores, la evolución de los mercados externos, los gustos y preferencias de los mercados, las barreras de entrada y salida a los mercados, entre otros.

- **Se deben trabajar los KPI's de forma conjunta**. Cada KPI puede ofrecer una medición concreta, pero todos juntos proporcionan una imagen completa de la situación que puede pasar en el futuro.

Esquema de Control de KPI's

Una plantilla o matriz de control y medición de un KPI deberían contener principalmente lo siguiente:

- Área o Dependencia pública.

- Nombre del Indicador.

- Objetivo del Indicador.

- Fórmula.

- Período de medición.

- Resultado (Índice).

- Meta (KPI).

- Diferencia (Resultado vs. KPI).

- Acciones a tomar.

Con lo antes indicado, debemos tomar conciencia que el control existe en lo que puede medirse. Así es cómo se concibe la importancia de poseer un Sistema de Información de Gestión con KPI's. El control minimiza la presencia de fallas dentro de la gestión, o facilita su detección, traduciéndose en una nación más productiva y organizada. Implica la recolección de una amplia variedad de información proveniente de diferentes ámbitos, mediante la definición de Factores Claves de Éxito y la elección de Indicadores Claves de Gestión a partir de ellos. Hay que plantearse una serie de preguntas para crear un sistema efectivo y plasmarlo en tablas para los distintos sectores, con el fin de analizar el rendimiento de los KPI's y el cumplimiento de las metas. Por supuesto, deben existir personas encargadas de evaluar el Plan de Gobierno y de eso hablaré a continuación.

CAPÍTULO VI

COMITÉ DE EVALUACIÓN DE CUMPLIMIENTO

LA CREACIÓN DEL COMITÉ

> *«Si los procesos no se administran, se adaptan con el paso del tiempo hacia la comodidad, en lugar de tornarse competitivos».*

Un Comité Directivo es un conjunto de personas con alto nivel académico que tienen como funciones fundamentales: analizar, deliberar e interpretar información, para luego tomar decisiones estratégicas que agreguen valor a la gestión de una entidad o institución. En el Plan de Gobierno se debe nombrar a los miembros del Comité y al líder encargado de la dirección y ejecución del Plan de Gobierno, quienes se comprometerán a lograr la mejora de la gestión gubernamental y el crecimiento del país.

Una vez estructurado el Comité, se elaborará un Manual con las funciones y atribuciones del mismo, basándose en el objetivo principal de ejecutar y cumplir con las metas establecidas en el plan. En este sentido, las funciones principales del Comité se enfocarán en realizar las siguientes actividades:

- Recopilar información clave, de manera resumida y condensada, de los resultados e índices macroeconómicos mensuales, lo cual se obtendrá del Sistema de Información creado exclusivamente para el monitoreo del cumplimiento del Plan de Gobierno.

- Análisis comparativo de los Indicadores Claves de Rendimiento (KPI's) definidos en el plan estratégico con los resultados finales obtenidos para señalar sus diferencias.

- Investigar y obtener explicación de las causas de las diferencias entre los KPI's y los índices o resultados reales.

- Tomar decisiones respecto a las desviaciones que están ocurriendo entre los resultados reales y las proyecciones establecidas en el Plan de Gobierno.

- Continuar acumulando la mayor información respecto a los bienes y activos del país, justo como ha sido indicado en el **Capítulo III: Conocernos Internamente.**

- Realizar el análisis comparativo **benchmarking** con otros países para aprovechar las mejores prácticas y poder desarrollar el análisis FODA.

- Crear, modificar o suprimir estrategias que se encuentren en el Plan Estratégico de Gobierno y que surjan o se requieran como consecuencia de los análisis desarrollados.

- Medir la gestión y el cumplimento, así como controlar que los procesos establecidos para la ejecución del plan se estén efectuando correctamente.

- Informar al líder o presidente del comité sobre los avances del plan.

- Tomar decisiones cuando surjan contingencias y luego informarlas con aprobación del presidente.

- Crear comisiones especializadas y estratégicas para el cumplimento del plan.

- Conocer y resolver todos los temas que se pongan a consideración por medio de resoluciones o acuerdos.

- Emitir un informe con los resultados obtenidos de la evaluación realizada por los miembros del Comité, el cual deberá ser documentado mediante **Acta de Comité**.

- Elaborar una presentación resumida y condensada al presidente del país y demás miembros de su gabinete de gobierno con los resultados de la evaluación, la cual deberá ser expuesta en una reunión programada para el efecto.

- Establecer la estrategia de comunicación para compartir con la ciudadanía los resultados obtenidos y el cumplimiento del Plan de Gobierno.

- Comunicar los avances, resultados y cumplimiento del plan de gobierno a la población.

Los miembros del Comité serán
los pilares fundamentales para el
cumplimiento del Plan de Gobierno y la
implementación de cambios

Los miembros del Comité se convertirán en los pilares fundamentales para implementar los cambios que deberán realizar en el país. Por tal motivo, no solo tienen que ser profesionales capacitados, sino individuos con pensamientos estratégicos y visión futurista. Este equipo deberá estar liderado por los ministros de cada dependencia pública, por ejemplo:

- Finanzas.

- Comercio Exterior.

- Educación.

- Salud Pública.

- Seguridad Pública.

- Agricultura.

- Entre otros.

Otro tema vital es que los integrantes no se muevan por intereses personales o políticos. Tienen que despojarse de sus ideologías de derecha o izquierda, y solo concentrarse en servirle al país para construir una realidad de bienestar para todos. De esta forma, cada uno propondrá y velará por los objetivos relacionados con su área desempeño, por ejemplo:

- **Seguridad pública** – Este ministerio tendrá como objetivo principal controlar, medir y procurar la disminución de los índices de robo, crímenes, secuestro, entre otros. El líder de Seguridad Pública deberá exponer a los demás miembros del Comité los resultados de su gestión y explicarlos, al igual que sugerir acciones para mejorarlos.

- **Educación** – Entre sus fines está disminuir los índices de analfabetismo y deberá presentar el panorama y los avances en lo que le compete.

- **Salud Pública** – Sus metas abarcan controlar y medir la efectividad de los servicios hospitalarios, ligado con las enfermedades e índices de mortalidad. El líder en Salud Pública deberá sustentar los resultados alcanzados y acciones a tomar en el futuro para mejorarlos.

De forma similar, cada uno de los ministerios deberá efectuar sus exposiciones sobre:

- Los resultados alcanzados en su dependencia pública.

- Los avances que han tenido en el cumplimiento de las metas establecidas en el Plan Estratégico.

- Las acciones que deberán tomar para lograr el objetivo propuesto.

Es necesario establecer niveles jerárquicos dentro del comité encargado del seguimiento y control del plan.

LOS MIEMBROS DEL COMITÉ

¿Quién debería ser el líder del Comité?

El líder del Comité podría denominarse **Supraministro**, y tendría como responsabilidad principal fijar las directrices para el cumplimiento efectivo del Plan Estratégico de Gobierno. Asimismo, también tendría otras funciones, como:

- Orientar la ejecución del Plan Estratégico de Gobierno.

- Controlar la aplicación de las estrategias establecidas, según los ejes estratégicos, ministerios, dependencias y demás áreas involucradas.

- Organizar al Comité.

- Capacitar a los miembros del Comité.

- Coordinar las acciones para que sean distribuidos, en forma eficiente y efectiva, todos los recursos humanos, tecnológicos, financieros y materiales a todos los colaboradores y miembros del Comité.

- Evaluar constantemente a los miembros del Comité, así como a las estrategias implementadas.

- Responder por los resultados y el cumplimiento del Plan Estratégico de Gobierno.

Como puede suponerse, la persona indicada para ser nombrada líder propulsor y ejecutor del Plan de Gobierno sería el Ministro de Economía y Finanzas, también conocido en otros países como Ministro de Hacienda. En otras palabras, consideramos que el mejor candidato es el encargado de las finanzas públicas.

El Secretario del Comité y sus funciones

El Comité deberá nombrar un secretario encargado del control documentario del Plan Estratégico de Gobierno. Este puesto puede estar a cargo de uno de los miembros del Comité, el cual será electo por unidad de acto.

Algunas funciones del Secretario del Comité serían:

- Convocar a reunión al pleno del Comité.

- Establecer el orden del día o los puntos a ser revisados y discutidos en la reunión de Comité.

- Llevar un registro, por medio de actas, de cada reunión ordinaria o extraordinaria.

- Constatar el quórum de las reuniones y escribirlo en actas.

- Gestión de documentación y archivo de todos los procesos, reuniones, decisiones, entre otros; que surjan en la ejecución del Plan.

- Coordinar el trabajar con los miembros del Comité, asegurando el cumplimiento del orden del día en el tiempo establecido.

- Al final de cada reunión, resumir en actas los resultados alcanzados y decisiones a tomar.

MANUAL DE CARGOS Y FUNCIONES

Como ha sido indicado en anteriores capítulos, los profesionales a ser seleccionados tendrán como función principal la recopilación y análisis de la información macroeconómica, así como su evaluación mediante el uso de Sistemas de Información e Indicadores Claves de Rendimiento (KPI's). El perfil de los funcionarios designados para el efecto deberá ser de macroeconomistas, contadores, analistas financieros y carreras afines, al igual que contar con niveles académicos de cuarto nivel, como Maestría en Administración de Empresas.

En este contexto, deberá ser diseñado e implementado un Manual de Descripción, Valoración y Clasificación de Puestos que constituirá una herramienta valiosa que ayudará a una adecuada administración y gestión del Comité. Este manual deberá contener los siguientes capítulos:

- Selección del personal.

- Estructura de puestos.

- Designación de cargos y funciones

- Capacitaciones y evaluaciones al personal.

Además, dentro del Manual de Cargos y Funciones será importante que se incluyan los códigos de ética y conducta, con el propósito de impedir o minimizar la posibilidad de actos de corrupción, o conflictos de intereses.

Otro punto que se requiere para que el manual sea de utilidad, es tener claro cuáles son los cargos que estarán involucrados dentro del plan, sus responsabilidades y la interrelación. Además, hay que tomar en cuenta la evolución de los modelos de negocios que ocurren a nivel mundial y que tienen incidencia en los resultados de las finanzas públicas y organización del gobierno central de un país, ya que se actualizan constantemente y no podemos estancarnos. Esto implicaría desperdicio de recursos y no idear estrategias que se adapten a la realidad. De nada sirve ejecutar un sistema de información y aplicar una serie de KPI's si no son revisados por personal competente y si su diseño y ejecución no evoluciona en sintonía con el mundo de los negocios.

La información no puede quedarse en papel y por eso se requiere que se arme un Comité encargado de impulsar el aprovechamiento de la misma y el cumplimiento de los objetivos del Plan Estratégico de Gobierno. Es vital que se traten de profesionales expertos, comprometidos con

la mejora del país, con un carácter intachable y ético, con un nivel de convicción ejemplar. Además, para garantizar una excelente labor, el Comité tiene que contar con su Manual de Cargos y Funciones, para que todos sus miembros estén claros de sus tareas y su efectividad aumente. Es uno de los elementos esenciales para que el Plan de Gobierno tenga resultados favorables y mejore la calidad de vida de la ciudadanía.

Una vez explicada la importancia y pasos de un Plan de Gobierno, ahora presento una propuesta práctica de Plan Estratégico de Gobierno enfocado en mi país, Ecuador, la cual puede tomarse como punto de partida para elaborar un plan para cualquier otra nación.

CAPÍTULO VII

PROPUESTA DE PLAN GOBIERNO PARA EL ECUADOR

¿CÓMO ELABORARLO?

Este capítulo tiene como objetivo mostrar en un campo práctico lo indicado en los **Capítulos I al VI**, los cuales fueron desarrollados con anterioridad, de tal forma que **exista una evidencia y demostración práctica y no solo teórica** de lo que significa un Plan Estratégico de Gobierno y cómo debería ser diseñado e implementado en cualquiera de los países de América Latina.

Por otro lado, en este capítulo se pretende generar conciencia acerca de que **la planeación estratégica no es lo más importante, sino LO ÚNICO**. Es imperativo que tanto el sector público como el privado lo comprendan, así como que se aplique en todos los ámbitos de la sociedad. La planeación estratégica tiene que ser una prioridad para dirigir de mejor manera los destinos de un país, producir progreso y construir un futuro prometedor para la ciudadanía. Además, es una actividad que rompe los esquemas y paradigmas, y haría que el gobernante de turno pueda ser declarado héroe nacional, permitiéndole permanecer en el puesto durante un prolongado período y sea recordado por siempre por la población.

Esta propuesta de Plan de Gobierno pretende ser una referencia a seguir, para que el gobernante de turno tenga una serie de directrices y no haya cabida para pretextos que le impidan realizar lo evidente y lógico. Asimismo, que el dirigente se enfoque en mejorar la nación y no se guíe por ideologías políticas del pasado. El objetivo es que este modelo de Plan de Gobierno propuesto sea la principal herramienta de gestión; una que le dé la habilidad de tener una perspectiva interna y externa de la situación actual del país, visualizando las fortalezas que crearán los cimientos del desarrollo, fijando metas optimistas y alcanzables, controlando las actividades y sus resultados, haciendo comparaciones con las naciones de vanguardia en crecimiento y prosperidad, y recolectando información oportuna y de calidad.

En este orden de ideas, el Plan Estratégico de Gobierno para Ecuador podría contemplar, lo siguiente:

MISIÓN

Construir un Estado descentralizado con servicios públicos de calidad, y orientados al bienestar ciudadano, implementando políticas de Gobierno que contribuyan al crecimiento económico, competitivo y sostenible del país.

VISIÓN

Ser un país líder en el mercado agrícola, en el cual sus ciudadanos sean los principales actores en el crecimiento económico de la nación y un referente del desarrollo social en el mundo.

VALORES

Los valores compartidos podrían ser:

- Responsabilidad social.

- Transparencia.

- Igualdad.

- Justicia.

- Honradez.

- Compromiso.

- Trabajo en equipo.

- Ética.

EJES ESTRATÉGICOS

Uno de los primeros puntos que deben ser considerados son los ejes estratégicos, los cuales sirven para definir las áreas prioritarias que necesita el país para alcanzar el desarrollo y bienestar de la población. En este sentido, estos ejes pueden ser:

- **Bienestar social:** Dar prioridad al bienestar de los grupos vulnerables, cubriendo sus necesidades básicas mediante la oferta de más plazas de empleo, oportunidades de emprendimiento y reactivación económica-social.

- **Seguridad ciudadana:** Dar vital importancia a la seguridad pública para la prevención, control y sanción de los delitos, disminuir los índices de violencia, robo, femicidios y narcotráfico, apuntando al mejoramiento del sistema de rehabilitación social y fortalecimiento de las sanciones o penas.

- **Salud:** Mantener un mejoramiento continuo del servicio de salud pública, mediante el adecuado abastecimiento de los hospitales, con equipos de calidad y de tecnología de punta, con personal capacitado para atender todas las especialidades, y con una cultura de servicio que mejore la experiencia de los usuarios.

- **Educación:** Establecer mecanismos que permitan que la educación sea más personalizada, atendiendo las necesidades de cada estudiante y comprendiendo que la forma de aprendizaje es diferente para cada individuo, creando sistemas que promuevan la interacción alumno-maestro-sociedad, dando la mejor utilización a la tecnología, aumentando el nivel de los docentes, invirtiendo en la capacitación continua, con el fin de crear líderes y emprendedores potenciales que aporten al crecimiento económico del país en el largo plazo.

- **Desarrollo económico sostenible:** Reducir los índices de inflación, aumentar el PIB, fomentar las exportaciones y fortalecer la producción agrícola, además de disminuir el coste de vida y, de esta forma, crear un sistema económicamente activo que ayude a fortalecer la economía del país.

LAS METAS Y OBJETIVOS ESTRATÉGICOS

La fijación de metas y objetivos estratégicos es un factor fundamental en el Plan Estratégico de Gobierno y debe ser concebido como el punto de partida para la obtención de los resultados tangibles del plan, tal como fue indicado en el ***Capítulo I: "Plan Estratégico"***.

En el caso de Ecuador, el gobierno de turno debe concentrarse en la exportación de productos no petroleros, principalmente en el sector agropecuario, en cuyo caso, deberán establecer objetivos y metas con las directrices explicadas en cada uno de los capítulos del libro. Con este conocimiento, a continuación presento un análisis de los objetivos estratégicos y planes de acción que podrán ser incluidos en el Plan de Gobierno de Ecuador:

I.   Crecimiento anual del PIB

Durante los años 2016 al 2020, el valor del PIB y su porcentaje de crecimiento anual ha sido así:

Años	PIB en millones de US$	Crecimiento del PIB en %
2016	69.314	(1,23%)
2017	70.955	2,37%
2018	71.871	1,29%
2019	71.814	(0,08%)
2020	72.308	0,69%

Por otra parte, al realizar un ***benchmarking*** del crecimiento del PIB con los países de América del Sur, nos encontramos con que Ecuador ocupa el octavo puesto en el ranking de este indicador:

Ranking	País	2019 Crecimiento del PIB en %
1	Bolivia	3,90
2	Colombia	3,36
3	Perú	2,60
4	Chile	2,52
5	Paraguay	1,01
6	Brasil	0,88
7	Uruguay	0,40
8	**Ecuador**	**(0,08)**
9	Argentina	(3,06)
10	Venezuela	(35)

En el caso del PIB per cápita, Ecuador ocupa el séptimo puesto en el ranking comparativo con los países de América del Sur, como se demuestra a continuación:

Ranking	País	2019
1	Uruguay	17.029
2	Chile	15.399
3	Argentina	9.888
4	Brasil	8.797
5	Perú	7.047
6	Colombia	6.508
7	**Ecuador**	**6.217**
8	Paraguay	5.692
9	Bolivia	3.671
10	Venezuela	2.548

Con la información obtenida del ***benchmarking*** relacionado con el PIB, se podría estimar como meta en el Plan Estratégico de Gobierno un crecimiento anual del PIB de la siguiente forma:

Años	Crecimiento anual del PIB%
2021	1%
2022	2%
2023	2%
2024	3%
2025 al 2030	4%

Como se observa en el cuadro precedente, los porcentajes de crecimiento anual del PIB son conservadores y prudentes, y podrían ser alcanzados por los gobiernos de turno. Lo importante radica en **fijar la meta y asumir el reto de**

<u>trabajar con dedicación para lograrla</u>, lo que requiere que exista un compromiso absoluto.

En este contexto, para conseguir dicho crecimiento, se requiere principalmente incrementar las exportaciones en la balanza comercial —que en octubre del año 2020 cerró con un superávit de apenas US$647 millones— para concretar un mayor superávit en el indicador. Esto implicaría mayor participación de las exportaciones, que de las importaciones, especialmente si se centran en productos no tradicionales. Además, se considera necesario que la Administración Pública de Ecuador olvide que somos un país petrolero y que se declare como un país principalmente agropecuario.

Actualmente, las exportaciones de Ecuador se desglosan en:

Balanza Comercial 2019	En millones de US$	%
Sector Petrolero:		
-Petróleo Crudo	7.052	35
-Derivados	<u>903</u>	<u>4</u>
Total de exportaciones del sector petrolero	**7.955**	**39**
Sector No Petrolero:		
<u>Tradicionales</u>		
-Banano y plátano	2.964	15
-Camarón	3.598	18
-Cacao y elaborados	653	3
-Atún y pescado	289	1

Balanza Comercial 2019	En millones de US$	%
No tradicionales:		
-Enlatados de pescado	1.092	5
-Flores naturales	808	4
-Otras manufac. de metales	318	2
-Productos mineros	265	1
-Madera	264	1
-Extractos y aceites vegetales	139	1
-Manufac. de cuero, plástico y caucho	146	1
-Frutas	137	1
-Otros	1.613	8
Total de exportaciones, sector no petrolero	**12.286**	**61**
Total de Exportaciones	**20.241**	**100**

Como puede verse en el cuadro anterior, las exportaciones de productos no petroleros representan el 61%, demostrando que la estrategia de gobierno debe enfocarse en los productos del sector no petrolero. Esta acción forma parte de lo explicado en el **Capítulo I** y del pensamiento estratégico, ya que el gobernante tiene que darse cuenta de que, el petróleo es cosa del pasado y es hora de dirigir todos los esfuerzos a incrementar las exportaciones de los productos no petroleros, sobre todo de aquellos **no tradicionales** del sector agropecuario, porque representan el 24%. El aumento de las exportaciones puede lograrse mediante una investigación efectiva del mercado a nivel internacional, para identificar la demanda, y luego diseñar e implementar estrategias de promoción, *marketing* y ventas. Este planteamiento debe incluir también al sector privado, con el fin de aprovechar todas las oportunidades y beneficios posibles.

La comunicación es vital, por lo que el gobernante tiene que informarle a la ciudadanía y al mundo que Ecuador se convierte en un país agropecuario, haciendo hincapié que aunque el petróleo generó abundante riqueza en el pasado, dejó de ser un recurso atractivo. Uno de los mayores problemas del petróleo fue encasillarnos en una zona de confort y limitar nuestro pensamiento a futuro, es decir, invertir en el desarrollo de otras áreas de producción y exportación, como es el caso del sector agropecuario.

Un buen ejemplo a seguir es Qatar, una nación que, a pesar de estar inundada con petróleo, no se ha aferrado solo a él, sino que lo ha utilizado para tener excedentes de liquidez y fortalecer el turismo. Qatar es un país con el mayor índice PIB per cápita del mundo y dentro de su visión está contemplado convertirse en autosuficiente en la producción de alimentos. Al igual que otros Estados ricos en petróleo, pero pobres en agua, Qatar ha estado invirtiendo en grandes superficies agrícolas en el extranjero para garantizarle el acceso de alimentos a su gente. Ha comprado tierras en Sudán y Australia, y ha compartido sus planes a futuro de cientos de millones de dólares destinados a proyectos agrícolas en países como Kenia, Brasil, Argentina, Turquía y Ucrania.

En el mismo marco de pensamiento, Qatar también tiene como objetivo producir la mayoría de sus productos en el país, y por eso prevé invertir masivamente para mejorar el rendimiento de los cultivos y transformar su semidesierto en tierras agrícolas.

Todo lo anterior se afianza en el decreto emitido por el príncipe de Qatar, Tamim bin Hamad bin Khalifa al-Thani, para organizar **el Programa Nacional de Seguridad Alimentaria (QNFSP)**, destinado para luchar contra «*uno de los retos más apremiantes que enfrenta Qatar*».

Después de definir el enfoque estratégico orientado hacia el incremento de las exportaciones de productos no tradicionales del sector agropecuario, es momento de diseñar las estrategias para lograrlo. Se inicia obteniendo principalmente esta información:

- La demanda y oferta mundial de estos productos no petroleros.

- La capacidad instalada de producción y ventas existente en el país.

- La capacidad utilizada actualmente en el país, incluyendo la identificación de áreas sin utilizar que podrían ser incorporadas al proceso productivo.

- La participación en el mercado de las exportaciones de nuestros productos, a través de los análisis comparativos —**benchmarking**— con otros países.

Como se indicó en el **Capítulo III "Conocernos Internamente"**: el dueño de la información tiene el poder.

En tal virtud, recopilar toda la información mencionada y utilizarla convenientemente es fundamental para cumplir con el objetivo estratégico en cuestión. Y a partir de allí, se busca trabajar con el sector privado para que aporten en la elaboración de un plan estratégico, para la explotación de tierras y la exportación de los productos.

La clave del éxito de los países de América es la exportación, siendo específicamente en Ecuador la de productos del sector no petrolero. Es necesario que el gobierno cree los incentivos necesarios para que los productores y exportadores inviertan e incrementen sus niveles de producción y ventas, tales como:

- Reducción de las tarifas impositivas para las nuevas inversiones en estos sectores.

- Entrega de créditos o préstamos flexibles a este sector productor y exportador por parte del gobierno central del país, con condiciones favorables en cuanto a tasas de interés y plazos.

- Facilidades en los trámites de exportación y simplificación de procesos para la exportación.

- Gestión comercial por parte del Ministerio de Comercio Exterior del país para la incursión en nuevos mercados, o potencialización e incremento de las exportaciones en los mercados ya existentes, mediante la creación de ferias de productos en los diferentes países de la región y del mundo que demandan nuestros productos.

- Promover tratados o convenios internacionales con países de la región y del mundo para el incremento de las exportaciones, con gestión en la disminución de las barreras arancelarias u obtener exoneraciones, si fuere el caso.

- Trabajar estrechamente con los productores y exportadores en la atención y demanda de sus necesidades a nivel local e internacional, e intervención para el cumplimiento de objetivos y metas que favorezcan los intereses de ambas partes.

II. Fomentar la Inversión Extranjera Directa (IED) en el Ecuador

Este sería otro objetivo estratégico del Plan de Gobierno. Durante los últimos años, la Inversión Extranjera Directa (IED) en el Ecuador ha sido verdaderamente precaria, puesto que, en términos porcentuales, en los últimos 5 años, la relación con el PIB apenas ha sido de un promedio del 0,9%. En este sentido, se requiere incorporar en el Plan de Gobierno, las estrategias para aumentar los niveles de inversión extranjera, empleando la creación de incentivos, los cuales podrían estar enfocados en lo siguiente:

- Disminución en las tasas de impuesto sobre la renta. Esto podría ser una reducción del 25% al 20%.

- Exoneración de la Tasa de Impuesto sobre la Renta durante cinco años para aquellas nuevas inversiones destinadas a áreas agrícolas y de producción de bienes.

- Reducción en forma gradual del Impuesto a la Salida de Divisas (ISD), que en el Ecuador es del 5% sobre la salida de capitales. Este impuesto restringe el ingreso de divisas al país y desalienta la inversión extranjera.

- Gestionar y lograr acuerdos bilaterales con los países.

- Ser miembro de las agencias multilaterales que garantizan la protección de inversiones.

- Identificar las zonas subdesarrolladas y económicamente en desventajas para concederles beneficios especiales y lograr atraer capitales del exterior mediante la inversión.

- Nombrar zonas francas libres de impuestos.

- Analizar y decidir sobre la privatización de empresas públicas para su concesión o venta al sector privado del exterior.

- Crear agencias para la ayuda y guía del inversor proveniente del exterior.

Con las estrategias antes indicadas, se podría estimar y proyectar un incremento en la inversión extranjera directa del 3%, considerando un análisis comparativo o **benchmarking** de los porcentajes que han tenido los países de América del Sur, cuyos niveles de IED en el año 2019 se ubicaron como se refleja a continuación:

Ranking	País	2019 IED en millones de US$	IED en relación al PIB en %
1	Brasil	69.174	4
2	Colombia	14.314	4,4
3	Chile	11.928	4,2
4	Perú	8.892	3,9
5	Argentina	6.663	1,5
6	Uruguay	1.189	1,7
7	Ecuador	946	0,9
8	Paraguay	522	1
9	Bolivia	(237)	-0,4

Fuente: Banco Mundial, últimos datos disponibles

Una vez más: lo importante siempre será fijar una meta alcanzable, medible, concreta y realizable. En este caso, la meta del 3% sería realizable para cualquier gobierno. Lo vital es el establecer el norte, porque sin uno, el barco —el país— navegará sin rumbo fijo y corre el riesgo de naufragar. Existe la posibilidad de fracasar en el cumplimiento de los objetivos, sin embargo, lo que debe hacerse es aprender de la elección y analizar el porqué de los resultados desfavorables y detectar las causas del error para efectuar las correcciones pertinentes.

III. Racionalizar la deuda externa pública interna y externa del Ecuador

Actualmente, de acuerdo con la información del Banco Central del Ecuador, la deuda externa del país representa el 47.8% del PIB, la cual, al ser comparada con los países de América del Sur, se ubica en el quinto lugar, como se demuestra en este cuadro:

Ranking	Países	2020	2019
		Deuda pública en relación al PIB en %	
1	Argentina	90,2	95,4
2	Brasil	75,8	90,6
3	Uruguay	53,8	58,1
4	Colombia	48,6	61,0
5	Ecuador	47,8	52,5
6	Bolivia	40,4	45,8
7	Chile	27,9	32,2
8	Perú	24,8	28,0
9	Paraguay	19,6	27,6

Al respecto, se requiere dentro del Plan Estratégico de Gobierno, hacer un análisis para determinar la dirección de la deuda externa, es decir, si va a aumentar o a disminuir. Lo más probable es que dentro del plan haya que aumentar la deuda, considerando que una de las metas primordiales es incrementar el PIB con más exportaciones de productos del sector no petrolero. Es necesario invertir en el sector, entregar a los productores y exportadores créditos o préstamos blancos o flexibles con condiciones favorables, como tasas de interés bajas y plazos largos de pago de capital. Habrá que solicitar crédito a los Organismos Multilaterales: BID (Banco Interamericano Desarrollo), CAF (Banco de Desarrollo de América Latina), FMI (Fondo Monetario Internacional), entre otros; lo que subirá los niveles y porcentajes de deuda, quizá hasta un 70% del PIB. Solo hay que proceder a ello si se tiene el objetivo ferviente de que ese excedente de deuda será invertido en el sector agropecuario para incrementar las exportaciones.

Preveo que se deberá incrementar la deuda, porque los efectos positivos del plan no atraerán de inmediato a la inversión extranjera, sino que habrá un lapso de espera. En consecuencia, será necesario el endeudamiento para satisfacer la demanda de los productores y exportadores, llevando un estricto control para asegurar que los fondos vayan a donde corresponde.

IV. Venta de activos del Estado Ecuatoriano

Hay que realizar un inventario físico total de los activos y compañías que pertenecen al Estado ecuatoriano, sobre los cuales habría que determinar la conveniencia de concesión o venta. El propósito es producir mayores ingresos de divisas al país, que contribuyan a incrementar el PIB y a financiar el Presupuesto General del Estado con sus correspondientes ejes estratégicos.

Entre los bienes del Estado tenemos:

- Empresas públicas y semipúblicas.

- Hospitales y dispensarios médicos.

- Refinerías.

- Puertos y aeropuertos.

- Propiedades y equipos.

- Vehículos.

- Activos intangibles: pinturas, obras, joyas, y demás.

- Entre otros.

V. Recursos Humanos, Niveles de Remuneraciones, Valoración de Cargos

Se debe evaluar el desempeño de los funcionarios públicos e implementar un sistema de descripción y valoración de cargos que permita la reestructuración, basado en un pensamiento estratégico de reducción del gasto público. Lo que se procura es lograr eficiencia y efectividad en las operaciones que demanda la ciudadanía y el sector público.

En este tema, se considera que debe haber un importante incremento en los salarios de los funcionarios públicos, principalmente en niveles altos para evitar actos de corrupción, así como promulgar y divulgar códigos de ética y conducta del sector público. Sería conveniente realizar un **benchmarking** y una encuesta con la participación de los países de América Latina, para obtener información veraz y confiable de los niveles de remuneración para los cargos públicos; así se determinaría un salario razonable para los diferentes funcionarios públicos. Por ejemplo, se sabe que el promedio de la remuneración en América Latina sería: presidente US$25.000, vicepresidente US$15.000, y ministros US$7.000.

Por todo lo antes indicado, se requiere una valoración de cargos como en el sector privado, al igual que una definición de puestos. Esta decisión disminuiría la posibilidad de que ocurran actos de corrupción y motivaría a los funcionarios a trabajar de forma decidida y comprometida en el cumplimiento del Plan de Gobierno.

VI. Creación de una cultura de ahorro en la población

Es aconsejable analizar la posibilidad de elaborar una política de ahorro de todos los ciudadanos del 1% sobre los sueldos estipulados en el IESS, con una devolución de estos fondos con intereses después de cinco años. Tal vez la política genere resistencia en la población, puesto que significaría restarle liquidez y capacidad de compra, no obstante, romper ese paradigma e inculcar el hábito de ahorro será conveniente si trae bienestar para todos.

VII. Eliminación de Subsidios

A partir del año 2023, con el crecimiento en el PIB previsto para eso, se puede proceder con la eliminación en el año 2024 de todos los subsidios de: gasolina, gas, derivados del petróleo, así como cualquier subsidio vigente, los cuales perjudican los intereses del país.

Durante cinco décadas, Ecuador ha subsidiado la gasolina, el diésel, el gas licuado de petróleo (GLP) y la electricidad hasta en un 85%, según información del Banco Central y del BID. En el país, los subsidios a los combustibles y la electricidad representan el 7% del gasto público anual, o el equivalente a dos tercios del déficit fiscal, de acuerdo con un estudio del Banco Interamericano de Desarrollo (BID) efectuado en julio de 2019.

Con el éxito de las estrategias establecidas en el Plan de Gobierno, la eliminación de los subsidios será viable e incluso aceptado por la ciudadanía, ya que para entonces gozarán de las mejoras en su calidad de vida, resultado de las medidas y acciones tomadas por el gobierno en los distintos ámbitos y que produjeron el crecimiento de la economía.

VIII. Control de las tasas de inflación

De acuerdo con la información del INEC, la inflación entre los años 2016 y 2019 fue como sigue:

Años	Inflación anual en %
2020	(1,60)
2019	(0,07)
2018	0,27
2017	(0,20)
2016	1,12

Fuente: Instituto Nacional de Estadísticas y Censos (INEC)

Como se observa en el cuadro precedente, Ecuador no ha tenido inflación durante los años 2016 al 2020; de hecho, se ha experimentado una deflación. Podría ser un escenario preocupante, porque puede indicar que el país no está en movimiento, lo que claramente sería perjudicial para nuestra economía y puede originarse debido a una falta de liquidez del mercado y recesión. Dicha situación generaría una disminución en la demanda de productos y, en consecuencia, tendría repercusiones en el sector productivo, en el empleo, y en el cumplimiento de las metas relacionadas con el crecimiento del PIB.

La deflación y sus causas deben evaluarse en el Plan Estratégico de Gobierno, a través de un análisis comparativo y la interpretación de los índices de inflación de los países de América del Sur, es decir, como se detalla en el **Capítulo IV: Benchmarking como herramienta de mejora**.

Benchmarking de la Tasa de Inflación del Ecuador con Países de América del Sur

Ranking	País	2020
1	**Ecuador**	**(0,93)**
2	Perú	1,97
3	Bolivia	0,67
4	Chile	3
5	Brasil	2,73
6	Paraguay	2,91
7	Colombia	1,61
8	Uruguay	9,99
9	Argentina	36,1
10	Venezuela	6,5

Fuente: Fondo Monetario Internacional
Instituto Nacional de Estadísticas y Censos (INEC)

Analizando los datos de la tabla, se aprecia que el Ecuador es el país con los menores efectos inflacionarios de la región de América del Sur. Adicionalmente, cabe mencionar que en los años 2019 y 2017, la deflación fue del 0,07% y 0,20%, lo que revela que hubo una disminución en los precios de los bienes y servicios en los años señalados a raíz de la reducción de la oferta monetaria.

IX. Disminución de las tasas de interés

Según la información del Banco Central del Ecuador, del año 2016 al 2020, el comportamiento de las tasas de interés activas y pasivas fueron sido así:

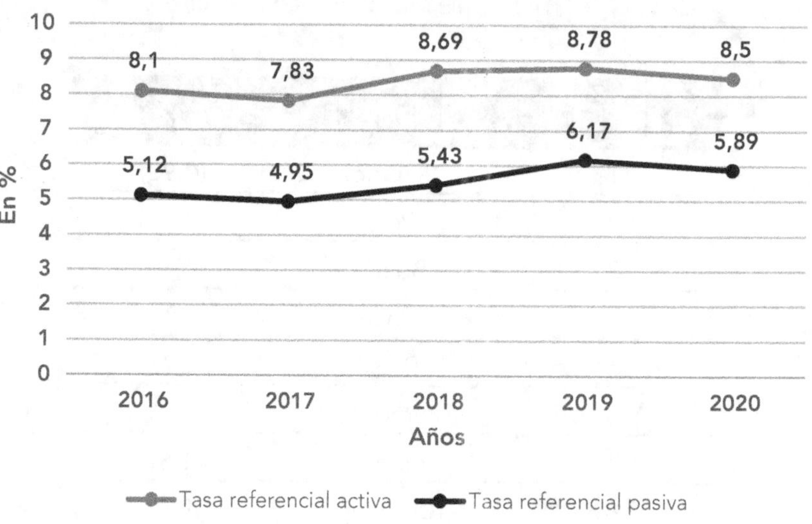

Fuente: Banco Central del Ecuador (BCE)

Como se percibe en la evolución de las tasas, los márgenes de intermediación —diferencia entre tasa activa y pasiva referenciales— han bajado. Debido a ello, en el Plan Estratégico de Gobierno es un aspecto que debe ser investigado y evaluado con el fin de tomar medidas para lograr la disminución de la brecha. Por un lado, se pueden reducir las tasas de interés mediante el posible ingreso al país de la banca exterior, permitiéndole competir con bancos locales, ya que al ser el Ecuador un país dolarizado, no se justifican los niveles actuales de costo financiero. Esta situación perjudica los niveles actuales de inversión; cuando lo que se requiere es alentar al sector productivo y a la inversión extranjera directa.

Benchmarking de Tasas de Interés Activas Referenciales del Ecuador con respecto a otros países de América del Sur (2020 y 2019)

Países	Tipo de moneda	2020	2019
Argentina	Peso argentino	66,9	36,3
Bolivia	Boliviano	6,4	6,3
Brasil	Real	42,7	34,7
Chile	Peso chileno	8,5	8,2
Colombia	Peso colombiano	11,8	10,1
Ecuador	US dólar	8,6	8,9
Paraguay	Guaraní paraguayo	12,7	11,4
Perú	Sol	14,4	13,1
Uruguay	Peso uruguayo	13,3	13,2
Venezuela	Bolívar	29,3	33,8

Fuente: Comisión Económica para América Latina y el Caribe (CEPAL)

X. Mejoramiento de los índices de recaudación fiscal versus PIB

De acuerdo con la información de Servicios de Rentas Internas, en el año 2019, el comportamiento de la recaudación fiscal fue como sigue:

Impuestos	2019
Impuesto a la Renta Recaudado	4.769.891
IVA Operaciones Internas	4.884.850
Retenciones Mensuales (2)	2.922.913
IVA Importaciones	1.800.167
Declaraciones de Impuesto a la Renta (3)	1.453.336
Personas Jurídicas	1.232.088
Impuesto a la Salida de Divisas	1.140.097
ICE Operaciones Internas	653.592
Anticipos de Impuesto a la Renta	393.642
ICE Importaciones	257.020
Impuesto a los Vehículos Motorizados	223.052
Personas Naturales	197.217
Otros Ingresos	142.819
Impuesto Ambiental Contaminación Vehicular	122.250
Contribución para la atención integral del cáncer	115.618
Regalías, patentes y utilidades de conservación minera	66.841
Impuesto Redimible Botellas Plásticas no Retornable	35.907
Impuesto Activos en el Exterior	34.528
Herencias, Legados y Donaciones	24.031
RISE	21.903
Total de recaudación fiscal	14.268.533

Fuente: Servicio de Rentas Internas (SRI), datos y estadísticas. Última información disponible.

En el año 2019, hubo una desaceleración en la recaudación fiscal; esta se ubicó en US$14.268 millones y representó una disminución del 6% de los importes recaudados en comparación con el año 2018. No obstante, hay que realizar un **benchmarking** de la Recaudación Fiscal con relación al PIB de Países, y con respecto a otros países de América del Sur. En este contexto, se pudo obtener la siguiente información comparativa:

Benchmarking de la Recaudación Fiscal con relación al PIB de Países de América del Sur

Ranking	País	% de Recaudación Fiscal en relación con el PIB
1	Brasil	23,58
2	Argentina	23,40
3	Uruguay	20,95
4	Chile	18,68
5	Bolivia	18,36
6	Colombia	17,77
7	**Ecuador**	**16,34**
8	Perú	13,33
9	Paraguay	9,93

Fuente: Comisión Económica para América Latina y el Caribe (CEPAL) (2017, últimos datos disponibles).

En este cuadro es claro que Brasil y Argentina son las naciones con los mayores niveles de recaudación tributaria con relación al PIB. Ambos países tienen un índice promedio del 23,5%, lo cual se debe fundamentalmente a estos factores:

- Tamaño de sus economías.

- Tarifas impositivas.

- Adecuados sistemas de recaudación fiscal.

En cambio, Ecuador, Perú y Paraguay, son los países con los menores niveles de recaudación en América del Sur. La principal razón es contar con tarifas de impuesto sobre la renta e IVA menores a los de otros países de América del Sur. En este contexto, se puede interpretar que Ecuador tiene la capacidad para mejorar la recaudación fiscal y el índice de relación con el PIB, a través de seguir el ejemplo de las mejores prácticas empleadas en Brasil y Argentina, en términos de mecanismos y sistemas de recaudación tributaria.

XI. Aplicación de los Códigos de Ética y Conducta de los Funcionarios Públicos

Será importante la emisión, promulgación y divulgación de códigos de ética y conducta de los funcionarios que pertenecen al sector público, los cuales deberán incluir las firmas de aceptación y los castigos o penalidades, tales como: la remoción del cargo en caso de una infracción grave, o impedir ocupar otro cargo público en simultaneo.

Como puede observarse, lo explicado en este libro se ha utilizado para elaborar un ejemplo de Plan Estratégico de Gobierno, que arroja datos claros de cuáles son las mejores decisiones para encaminar el rumbo del país y para enfocarse en los sectores que requieren de mayor atención. No es suerte que otros países tengan una economía más desarrollada y condiciones de vida más provechosas, sino la cultura de recopilar y analizar información para la implementación de estrategias cuidadosamente ideadas y ejecutadas en todos los niveles de la nación. Se trata de tomarlo como una motivación para lograr lo mismo en los países de nuestra región, a través de lo planteado y de la colaboración de todos los sectores que integran al Estado, incluyendo, por supuesto, a la ciudadanía. Significará un arduo trabajo, pero no uno imposible.

CONCLUSIONES

Elaborar un Plan de Gobierno efectivo conlleva la recolección y análisis de un amplio contenido de información, por lo que es vital contar con un equipo capacitado y emplear herramientas que faciliten y optimicen el trabajo. Hay que considerar todos los elementos fundamentales de cada área que integran al país a la hora de organizar, planificar y tomar decisiones. Además, se debe prever futuras situaciones para estar preparados a tiempo y para actuar en pro del bienestar del pueblo. Puede sonar complicado, y tal vez lo sea, pero el compromiso con la nación y la guía adecuada lo hace posible.

No podemos estancarnos y ver cómo la región se hunde en la decadencia. Todos tenemos el poder de surgir con ideas para el cambio y todos podemos ser parte del proceso, adoptando nuevos hábitos acordes con los valores expuestos en este libro, aportando en la generación de riqueza para el país, y ejerciendo nuestro derecho al voto y a la expresión.

Inspirémonos con el ejemplo de otras naciones que también tuvieron épocas oscuras, pero aprendieron de ello y ahora son potencias emergentes en el mundo. Estos países aplicaron con disciplina, entereza y decisión muchas de las propuestas incluidas en este libro y que fueron plasmadas en su Plan Estratégico de Gobierno, el cual se convirtió en Política de Estado en ciertos casos.

Nuestros líderes no pueden cerrarse y nosotros tampoco. La colaboración internacional manejada correctamente cultivará beneficios en el país, mediante relaciones comerciales y consejos de desarrollo. Sin embargo, ningún cambio es sencillo; mucho menos si debe ser tan profundo como el que necesita nuestra sociedad. Si los gobernantes elaboran un Plan Estratégico de Gobierno que entendamos y nos parezca coherente, debemos brindarles nuestro apoyo y confiar en los objetivos que han propuesto, incluso si implica variaciones en nuestro estilo de vida, las cuales al principio quizá no sean del todo positivas.

Eliminar paradigmas, reforzar la importancia de la ética y modificar algunos aspectos que desangran la economía del país, tendrán que ser temas que se abarquen en la estrategia para mejorar nuestras realidades. No solo se tratará de coleccionar los datos que señalen los indicadores macroeconómicos, sino aprovecharlos para sacar ventaja y actuar.

El éxito de un Plan de Gobierno se resume en la unión y en el seguimiento de las estrategias; sin distanciamientos por ideologías políticas, sin pensar en intereses individuales egoístas, y sin enfrascarse en conductas del pasado. Espero que este libro sirva para concientizar al lector de la realidad que estamos viviendo en el mundo, de los cambios fundamentales que se requieren efectuar para que juntos podamos crear un país de oportunidades con un futuro exitoso y lleno de bienestar y prosperidad.

AGRADECIMIENTO

Agradezco a mi equipo de trabajo, integrado por los miembros de mi Firma WENS CONSULTING GROUP, por su valiosa contribución en la elaboración y promoción de mi libro.

Te invito a leer mi libro "Análisis Macroeconómico: Una vista global del Ecuador" el cual te servirá como complemento de este este libro.